주연희 회고록

김상규의 춤, 그 환상 너머

만인사

◀ 50대의 모습

▲ 안동대학교 연구실에서

▲ 20대 후반의 기파 선생

「회귀」에서 열연하는 기파 선생 ▲

안동교육대학 카리티에스무용단 공연 ▲

▲ 김상규 선생 추모무용제 팜플렛

스승이며 생의 반려자인 기파 선생님과 ▲

▲ 「화원유원지」 한 장면

50주년 기념 공연 ▲

◀ 이즈미 가쯔시와 뚜엣 공연

50주년 기념 공연 ▲

60주년 커튼콜 장면 ▼

▲ 주연희 60년 기념공연 팜플렛

김상규의 춤, 그 환상 너머

| 책을 펴내며 |

　하늘에 모든 것을 다 드리며 살고 있는 나에게 기적이 일어났습니다. 그 가운데 하나가 『김상규의 춤, 그 환상 너머』입니다. 이 회고록은 지난 60여 년의 긴 세월 가슴에 묻어둔 사연들을 찾아내게 하신 하나님의 뜨거운 손길로 시작하였습니다.

　기파 김상규 선생님은 불사조처럼 사셨습니다. 이 땅에 현대무용의 개념을 정립시켰으며, 불모지나 다름없는 영남 지역에 수많은 공연을 통하여 현대무용의 씨앗을 뿌리고 꽃을 피우기 위해 고군분투하셨던 열정적인 선생님의 모습들이 주마등처럼 스쳐 지나 갑니다.
　선생님의 귀중한 예술혼을 쫓아 일생동안 춤에 빠져 산 나의 인생 또한 영광과 상처투성이였습니다. 지난날을 되새겨보면 수많은 작품으로 수상의 영예를 안았으며, 많은 분들의 분에 넘치는 사랑도 받았습니다. 더불어 생의 처절한 고통과 뼈저린 아픔도 함께 겪으면서 살아 왔습니다.

　지금은 고국을 떠나서 27년 째 미국에서의 이민생활은 오로지 성령의 믿음 안에서 살아가고 있습니다. 내 가슴 속에는 현대무용의 씨앗을 뿌리고 개척하신 선생님의 업적과 흔적을 세상에 전하지 못하고 한 생을 마감할까 저어하였습니다.

  그러나 지구촌의 재앙인 코로나로 온 세상이 암흑으로 변하여 수억 명의 소중한 생명을 잃을 때 2020년 12월에 나 또한 코로나에 걸려 사경을 헤매였습니다. 개 돼지만도 못한 인간의 목숨이 핍박받을 때 하나님이 궁휼이 여겨 나의 목숨을 살려주시어 덤으로 살아가고 있습니다. 그것은 아마 내 마음속에 묻어두었던 숙제가 남아 있었기 때문이었겠지요.

  기파 선생님과의 인연은 참으로 기구합니다. 스승으로 만나 생의 반려자로 함께 살아온 세월, 예술로 하나가 되어 뼈를 깎는 아픔으로 예술의 꽃을 함께 피우고자하는 일념으로 살게 하였습니다. 비록 자식은 두지 못했지만 선생님과의 아름다운 추억들을 가슴에 지닌 채 조용하게 살아가는 나에게 손을 덥썩 잡아주신 분이 하나님이셨습니다.

  또한 내게 남은 여생을 하나님의 품 안에서 살게 하셨습니다. 한 생을 살아오면서 나 때문에 피해를 본 모든 분들에게 속죄의 기도로 하루를 시작하고 하루를 마감합니다.

  한 생을 다바쳐 무용가로 살아온 일생의 사연을 언젠가는 한

권의 책으로 남겨야한다는 간절한 소망을 품고 살아왔습니다. 그러나 그 꿈을 이룬다는 것은 지난한 일이라 엄두가 나지 않았습니다.

  이제서야 회고록 『김상규의 춤, 그 환상 너머』를 펴내지만 아득한 기억과 자료의 미비로 아쉬운 점이 많습니다. 황급하게 미국으로 떠나오면서 대구의 지인에게 맡겨두었던 선생님의 유품과 자료, 사진과 팜플렛 등이 유실되어 이 책에 온전히 담아내지 못한 점 자못 아쉬울 뿐입니다. 이것은 오로지 나의 불찰입니다. 그러나 어쩔 수 없는 일이 아니겠습니까? 오랫동안 마음에 묻어두었던 숙제로 풀어놓은 이야기는 하늘에 계시는 선생님께서도 기뻐하시리라 굳게 믿습니다.

  끝으로 『김상규의 춤, 그 환상 너머』가 나오기까지 수고로움을 아끼지 않았던 별하 이승미 선생님, 미국의 지인과 제자들, 조각조각 생각을 기워 소담한 책으로 꾸며준 만인사 박진형 선생님과 편집진에게 거듭 감사의 마음을 전합니다.

2025년 여름날
미국에서 주연희

차례

화보_2
책을 펴내며_11

프롤로그
  기파 선생의 뒤를 따라_17

1부 기파 선생의 삶과 예술
  김상규, 그는 누구인가_23
  최승희의 춤에 빠지다_26
  일본으로 유학 가다_29
  이시이 바쿠 문하생이 되다_33
  제1회 무용발표회 가지다_35
  경북문총구국대에 참여하다_38
  6.25전쟁중에도 무용발표회 가지다_42
  어릴적부터 춤에 빠지다_49
  선생님과 운명적 만남_52

2부 기파 선생의 예술혼
  험난한 무용수의 길_57

경북무용협회 지부장에 취임하다_62
   암울한 시대의 예술가_66
   안동교육대학 교수로_69
   힘들었던 안동생활_72
   소라 모녀_75
   안동대학교 정년퇴임하다_78
   임종을 지키다_81
   기파 선생의 예술혼_83
   기파 김상규 연보_88

3부 춤, 그 격정의 파도
   「산하」로 안무상 받다_93
   한국무용협회 대구지회장에_100
   대구무용제 개최하다_108
   춤의 해 「백두기둥」으로 우뚝 서다_114
   기파 선생 추모무용공연_123
   주연희 무용 40년 기념공연_130
   대구국제무용페스티벌을 열고_136
   김상규를 춤추다_147

차례

4부 춤은 나의 운명
  LA행 비행기를 타다_155
  춤은 나의 운명이로다_159
  무용 외길 60주년 기념공연_169
  이국의 하늘 아래_180
  주연희 무용 연혁_184

에필로그
  한 생을 회고하며_186

편집을 마치고
  무용 외길 70년에 바치는 헌사·박진형_189

| 프롤로그 |

기파 선생의 뒤를 따라

　기파 선생님이 14살 때 최승희의 춤을 보고 춤에 빠져서 무용가의 길을 걸었듯이 나의 경우도 또한 그렇다. 중학교 2학년 때 문화교실로 간 키네마극장에서 선생님의 춤을 보고 내 혼이 쏙 빠져 무용가의 길을 걷게 되었다. 그렇게 살아온 생이 어느새 팔순 중반을 지나고 있다. 그 길은 길고도 험한 고행이었으나 나에게 후회는 없다.

　만해 한용운의 시집 『님의 침묵』 서시 「군말」에서 "님만 님이 아니라 기룬 것은 다 님이다. 중생이 석가의 님이라면 철학은 칸트의 님이다. 장미화의 님이 봄이라면 마시니의 님은 이태리이다. 님은 내가 사랑할 뿐 아니라 나를 사랑하느니"라고 노래하였다.

　나는 한 생을 다바쳐 걸어온 춤이 나의 님이라고 감히 말하고 싶다.

　내가 무용수의 길을 갈 수 있도록 이끈 분이 김상규 선생님이시며, 그 분은 내 생의 영원한 반려자셨다. 선생님은 천석꾼의 아들로 유복하였으나 무용 때문에 재산을 다 탕진하고 격심한 생활고에 시달렸다. 그러나 여기에 굴하지 않고 선생님은 무용에 대한 열정이 더욱 불타올랐다.

선생님은 한국현대무용의 선구자로 현대무용의 개념을 정립한 분이다. 더불어 수많은 작품 활동을 한 무용가였으며 많은 제자들을 길러낸 교육자였다.

언제나 연구생들에게 말씀하셨다.
· 예술은 길고 인생은 짧다.
· 예술하기 이전에 인간이 되어야 한다.
· 무용은 인간을 살리는 예술이다.
· 춤은 육체의 언어이며 마음을 정화시킨다.

또한 선생님은 항상 연습할 때 연구생들을 한 줄로 세워놓고 인성교육부터 강의하셨다.
· 무용의 길은 너무나 힘들고 어렵다. 뼈를 깎는 힘든 길이다. 그걸 견디지 못할 것 같으며 지금이라도 그만 두어라.
· 현대무용의 개척자는 이사도라 던컨이다.
이렇듯 선생님은 현대무용론을 설파하였고, 과거와 현재의 사표로 이사도라 던컨을 흠모하셨다.

나는 대동아전쟁, 6.25전쟁, 4.19혁명, 5.16혁명 등 한국의 역사의 생생한 현장을 건너왔다. 피비린내나는 6.25전쟁이 휴전중일 때 무용을 시작하였다. 서울로 수복한 대구는 한적하고 조용한 거리, 각자의 삶의 터전을 찾아 살아가기 힘든 생활속에서 나는 마냥 춤이 좋았다. 무용 과정을 이수하고 지나온 그 시절의 무용 생활이 고통과 아픔, 좌절의 연속이었다.

어렵고 힘든 무용의 길이었지만 지금 생각해보니 무엇과도 바꿀 수 없는, 다시 돌아가고 싶은 그리운 시절이었다. 지난날의 추억들, 고통과 뼈저린 아픔의 발자취, 그러나 아름다운 추억도 있었으며, 남이 가질 수 없는 숱한 작품들, 수상의 영예, 관객들의 사랑, 셀 수 없는 꽃다발…… 선생님과의 아름다운 추억들, 지금은 이국의 하늘 아래에서 아무것도 부러울 것 없이 조용히 살고 있다.

나는 회고록을 후배 무용인들에게 들려주고 싶다. 가시밭길을 걸으면서 이 땅에 현대무용의 씨를 뿌린 선구자들의 희생과 고난을 거울 삼아 한국무용의 발전을 위하여 노력하는 무용인들이 되어 주시기를 간곡하게 바랄 뿐이다.

「군말」의 마지막 구절처럼 "해 저문 벌판에서 돌아가는 길을 잃고 헤매는 어린 양이 기루어" 무대 위에서 춤을 추다 죽으리라. 나는 다시 태어나도 무용가의 길을 가리라.

1부

기파 선생의 삶과 예술

김상규, 그는 누구인가

한국 현대무용의 선구자인 기파(技波) 김상규(金湘圭) 선생님은 1922년 5월 25일(음력 4월 29일) 경상북도 군위군 금구2동 134에서 태어났다. 선생님은 군위에서 만석꾼인 아버지 김병호와 어머니 정직영 사이에 맏이였다. 형님과 누님 무숙, 동생 한규, 수규가 있다. 상처를 한 아버지는 어머니와 재혼하였다.

군위군(軍威郡)은 대구광역시 북부에 있는 군이다. 행정구역은 1읍 7면으로 되어 있으며, 군청 소재지는 군위읍 동부리이다. 원래 경상북도 산하였으나 군위군 주민들이 대구경북신공항을 의성군과 공동 유치하는 조건으로 대구광역시로의 편입을 요구하였고, 2023년 7월 1일 주민들의 요구가 수용되어 대구광역시에 편입되었다.

경상북도 중앙부에 위치한 군위군의 동쪽은 영천군, 서쪽은 선산군, 남쪽은 칠곡군, 북쪽은 의성군과 접하고 있다. 최남단에 팔공산이 우뚝 솟아 있고 지맥(支脈)이 동북쪽으로 뻗어 청송군·영천군과의 경계를 따라 분수령을 이룬다.

군위군 금구동은 비들못, 비토지(非吐池), 구지(鳩池)로 불린다. 조선 중기 10여 호의 민가가 있었는데, 어느 해 심한 흉년 중에 어느 스님이 탁발하러 왔다가 넉넉한 공양미를 시주받자 감격한 스님은 은혜에 보답하기 위해 마을 형세를 살펴 보고, 북쪽에 현무(玄武)가 비어 있으니 그 곳에 못을 파고 비토지(非吐池)라 부르게 하였다. 동민들이 모여 준공제를 행할 때 못 가운데서 비둘기가 날고 소나기가 내려 못물이 가득 찼다. 스님의 말대로 비토지, 혹은 비둘기못이라 불려지다가 그 뒤 비들못으로 불리게 되었다고 한다.

유복한 집안의 아들인 상규는 일곱살까지 어머니의 젖을 먹었다고 한다. 그러나 어릴 때부터 재주가 많았고 두뇌가 명석하여 부모님의 사랑을 독차지하였다.

상규는 어릴 때부터 장난끼와 신명이 많았다고 한다. 동네에 엿장수의 가위소리가 나면 엿장수를 따라 다니면서 덩실덩실 춤을 추곤하였다고 한다.

또한 정초나 추석 때 동네에서 으레 열리는 농악대의 풍물놀이패의 춤과 장단을 좋아하였다고 한다. 거기다 한곳에 머무르지 않고 떠돌아 다니는 유랑극단인 남사당패가 군위에 나타나면 동네 사람들이 다 몰려나와 공연을 즐겼다. 남사당패의 대장 을 꼭두쇠라 불렸는데, 버나(사발돌리기), 살판(땅재주), 어름(줄타기), 덧뵈기(탈놀이), 꼭두각시놀음인 덧뵈기(탈놀이) 등 각종 묘기를 선보인다. 소리꾼과의 재담도 떠돌이 남사당패의 백미였다. 당연히 상규와 또래 친구들도 흥겹게 어깨춤을 추면서 공연패를 따라 다녔다.

최승희의 춤에 빠지다

　상규는 8살 때 군위에서 대구로 나와 수창국민학교에 입학하였다. 수창국민학교를 졸업할 무렵에 1931년 9월 16일 대구공회당에서 열린 한국이 낳은 세계적인 무용가 최승희 공연을 보았다. 일제강점기 식민지 속에서 나라 잃은 설움을 춤사위에 실은 조선의 불출세 무용가 최승희의 춤은 어린 상규의 마음을 완전히 사로잡았다. 운명적으로 만난 최승희의 춤은 김상규로 하여금 평생 남자무용가로 살아가는 결정적인 계기가 되었다.

　최승희는 일제강점기에 고전 무용의 현대화를 이끈 무용계의 전설적인 인물이다. 최승희의 본관은 해주(海州)이다. 아버지 최준현은 한학자로, 집에 서당을 설치하여 동네 아이들을 가르치는 조선 시대의 전형적인 선비였다. 그러나 자식들에게는 개방적인 태도를 보여 자식들 모두 신식 교육을 받게 했다. 부친의 영향으로 최승희는 숙명여자고등보통학교를 졸업한 후 큰오빠 최승일의 권유로 일본의 대무용가인 이시이 바쿠〔石井 漠〕의 문하에 들어가 무용을 시작하였다.

　최승희는 이시이 바쿠 무용단에서 점점 명성을 얻기 시작하였다. 최승희는 호기롭게 스승의 밑에서 독립하여 경성에서 '최승희 무용연구소'를 개설하였다.

　최승희는 지방의 춤꾼들을 따라 다니며 전통춤을 배우기도 했다. 심지어는 권번의 기생들을 찾아 다니면서까지 전통춤을 배웠다. 특히 한성준에게서 승무를 비롯한 전통춤을 배웠고 이를 바탕으로 서양춤과 한국춤을 결합한 신무용, 즉 현대무용을 만들어낸 것이다. 그리하여 전통무용과 현대무용의 융합을 시도해 신무용의 창시자가 되었고, 오늘날에까지 한국과 북한, 중국의 무용계에 끼친 그 영향이 매우 지대하다.

　대한민국의 본격적인 현대무용은 최승희로부터 시작되었다고 해도 과언이 아니다. 일제강점기의 춤 중에서 가장 유명한 불교춤으로 동양적인 이미지를 형상화한 대표작이라 할 수 있다. 일제강점기 어느 시점엔가 최승희가 보살춤을 추기 시작했다는 것만 알 수 있을 뿐이다. 제자이자 동서인 김백봉이 공개한 공연 프로그램「보살춤」이다. 이 공연 프로그램에는 "조선시대의 명화 보현보살(普賢菩薩)을 무용화하였으며, 동양의 불교예술에 표현된 조형적인 여성의 미를 그린 것이다."라고 적고 있다.

　아울러 최승희는 이러한 인기와 함께, 당대의 대표적인 신여성이자 모던 걸, 패션 스타로서 조선과 일본의 유행을 주도하였고, 심지어는 음반도 여러 장을 내었다.「향수의 무희」는 최승희의 자작곡이며,「이태리의 정원」은「A Garden In Italy」의

번안곡이다. 아마도 번안이 아니라 무단 도용으로 추측되지만, 당시에는 저작권에 대한 인식이 전혀 없던 시절이었다.

또한 1930년대 후반부터는 최승희는 미국과 유럽, 남미 등으로 세계 순회공연을 다니기도 했는데, 어니스트 헤밍웨이, 장 콕토, 게리 쿠퍼, 찰리 채플린, 파블로 피카소, 로버트 테일러 등 당대의 저명한 예술계 인사들이 그녀의 공연을 관람할 정도로 인기가 높았다.

어린 상규의 일생의 행로를 결정지은 것은 최승희의 춤이었다고 할 수 있다. 춤, 그 생의 몸짓에의 이끌림은 결국 김상규라는 우리나라의 선구자인 현대무용가의 길로 운명적으로 이끌었으리라!

일본으로 유학 가다

　상규는 수창국민학교 졸업을 앞두고 장래에 대한 고민에 빠졌다. 감수성이 예민하고 조숙한 편이었던 상규는 국내보다는 일본으로 유학가고자 하였다. 그것은 무엇보다 최승희의 춤을 보고 어렴풋이 자신도 무용수가 되겠다고 마음 속으로 다짐하였다.
　졸업을 앞두고 상규는 부모님에게 일본으로 유학을 가겠다고 말하였다. 아버지보다는 어머니가 걱정어린 말씀이 가슴을 울렸다.
　"아버지, 저도 일본으로 유학을 가고 싶습니다."
　"일본으로 유학을 간다고, 왜 갑자기 일본으로 유학을 간다고 그러노."
　"아버지, 조선은 좁은 땅이라 더 넓은 일본으로 유학을 가고 싶습니다."
　"아직 나이도 어린데 상급학교는 이곳에서하고 대학은 일본으로 유학 가면 안되겠나?"
　가만히 부자의 이야기를 듣고 있던 어머니가 나섰다.
　"아직 나이도 어리지만 외삼촌이 와세다대학 법학과에 재학 중인데 아마 상규가 외삼촌을 본받아 일본의 상급학교로 가고 싶은가 보네요."

"네, 어머니."

"어허 참. 이 문제는 좀더 생각해보고 결정하기로 합시다."

완강하게 반대하는 아버지도 아들의 일본 유학 문제에 대해서는 한발 물러섰다.

그러나 어머니는 아들의 장래를 위해서 일본으로 유학을 보내자고 설득하였다. 그것은 친정의 남동생 정익도를 보면서 일본에 대한 열망을 가지고 있던 어머니가 아버지를 설득하여 겨우 허락을 받아내었던 것이다. 상규가 수창국민학교를 졸업하고 일본으로 유학을 떠날 수 있었던 것은 어머니의 간곡한 염원이기도 하였다. 그것은 문경의 친정집 남동생이 와세다대학 법대에 유학하고 있었기 때문이었다. 물론 상규도 사각모에 교복을 차려 입은 외삼촌의 늠름한 모습을 보면서 자신도 그런 모습을 꿈꾸었으리라!

어머니는 아들에게 이렇게 당부하였다.

"상규야, 아버지는 네가 어린 나이에 현해탄 건너 일본으로 유학을 간다는 것에 대해 걱정이 태산이란다. 그것은 너를 걱정해서 그렇겠지 않겠나."

"네, 어머니. 제가 어린 나이라 부모님의 걱정은 당연하겠지요. 그러나 제가 일본으로 유학을 가는 것은 더 넓은 세계에서 공부를 마치고 귀국하여 나라를 위해 더 큰 일을 하고 싶기 때문입니다."

"그래, 아들아. 네 뜻을 알겠다."

"네, 어머니."

"그래, 아들아. 이 어미는 외삼촌 같이 법학을 공부하여 판검사가 되었으면 좋겠구나. 알겠느냐."

"네, 어머니."

어렵사리 부모님의 승락을 얻어낸 상규는 1935년 봄, 14살의 어린 나이로 일본 유학길에 올랐다.

유학을 떠나는 어린 아들을 위해 어머니의 걱정은 이만저만이 아니었다. 상규는 어머니가 만들어준 주머니 속에 학비와 경비를 넣고 긴 줄을 달아서 가슴에 품었다. 일본 시모노세끼로 가는 관부연락선을 타고 일본으로 떠나는 아들을 따라 어머니는 부산까지 갔다.

"그래, 아들아. 일본에 가거든 먼저 외삼촌을 찾아 가거라. 고생이 많겠지만 열심히 공부하여 꼭 성공해서 돌아오너라."

"네, 어머니. 제 일은 제가 알아서 잘하겠습니다. 너무 걱정하지 마세요."

"그래 알았다. 나는 우리 아들만 믿는다. 공부 잘하고 오거라."

"네, 어머니."

어머니는 아들을 차마 볼 수 없어 고개를 돌려 눈물을 훔쳤다. 판검사가 되기를 원했던 어머니의 꿈을 뒤로 하고 상규의 앞날에는 피눈물 나는 고학의 길이 기다리고 있었다.

이시이 바쿠 문하생이 되다

　상규는 14살의 어린 나이에 일본에서의 유학 생활은 너무나 힘들었다. 군위에서 학비를 보내온다지만 그것만으로 유학 생활은 결코 쉬운 일이 아니었다.
　상규는 부모님이 바라던 법학 공부가 아니라 와세다중학교를 마치고 무용을 본격적으로 하고자 일본 현대무용의 선구자 이시이 바쿠〔石井 漠〕무용연구소 문하생으로 입문하였다. 일본의 대무용가인 이시이 바쿠의 문하에서 불출세의 무용가 최승희를 배출한 인물이 아니던가.
　그러나 막상 이시이 바쿠의 문하생으로 들어갔으나 무용을 배울 수가 없었다. 거기다 선배 일본인들이 '조센징'이라고 무시하기 일쑤였다. 상규는 연습장의 신발장 청소, 마루청소, 화장실 청소 등을 열심히 하였다. 궂은 일을 마다 않고 꿋꿋하게 무용연구소의 뒷치닥거리를 하였다.
　거기다 고학생이 되어 아침에 신문과 우유 배달을 하였다. 힘든 고학생이었지만 오로지 무용에 대한 열망으로 참고 견뎠다. 이런 상규의 모습을 1년 가까이 묵묵히 지켜 보았던 이시이 바쿠 선생은 상규에게 말하였다.

"상규야, 내가 너를 오래 지켜 보았는데 이렇게 열심히 하는 학생은 처음 본다. 이제부터 내가 정식으로 무용을 가르켜 주겠다."

"네. 선생님 고맙습니다."

"그래. 상규야, 너의 인내심이 남다른 한국 학생이구나."라고 하시면서 칭찬을 아끼지 않았다.

"네. 선생님, 열심히 무용을 배우겠습니다."

이렇듯 무용에 대한 열망이 가득하였던 상규는 스승인 이시이 바쿠의 현대무용의 정신과 다양한 기교를 혹독하게 훈련을 받았다. 상규는 일본사람 못지 않게 일본말에 능통하였다.

상규는 동경전기학교 본과를 졸업하고, 1941년 와세다대학 문학부와 1943년 일본대학 예술학부 동경음악과를 수학했다. 그러나 언제나 조선인이라는 자긍심을 가슴에 품고 신무용을 위해 예술의 다방면에 관심을 가지고 열심히 공부를 하였다.

히로시마와 나가사키에 원자탄을 맞고 일본이 무조건 미연합군에 항복하였다. 비로소 그렇게 혹독한 일제 36년간의 마수에서 벗어나 1945년 8월 15일 해방이 되자 선생님은 10년의 유학 생활을 청산하고 고국으로 돌아왔다.

제1회 무용발표회 가지다

　기파 선생님은 해방 후 귀국을 하여 잠시 서울에 머물면서 장추화씨, 대구에서는 김선화씨와 무용연구를 함께 하게 되었다. 귀국한 뒤 1946년 대구에서 처음으로 신무용연구소인 '김상규 신라무용연구소'를 개소하였다. 초창기 때는 무용연구소라는 인가제도가 없었다. 삼덕동 자택을 개조하여 무용연구소를 개설하고 많은 제자들을 가르쳤다.

　더불어 김상규무용단을 창단하고, 1949년 9월 13일~15일 3일간 제1회 김상규 무용발표회가 대구 만경관극장에서 열렸다. 1부「기본동작」,「창조의 신」,「동심」,「활량」,「아리랑」,「삼조」,「명상」,「황진이」,「향토의 인상」, 2부「태공망」,「처녀총각」,「애기와 어른」,「형제」,「살풀이舞」,「형태」,「건설」등 다양한 프로그램으로 꾸몄다.
　대구 지방에서 선생의 진가를 유감없이 발휘하여 무용이 예술로서의 가치를 충분히 보여주는 신선한 바람을 일으키게 되었다.
　그러나 만경관극장 2층에서 관람하던 식구들은 울음을 터뜨려 공연에 지장을 줄 정도였다. 특히 어머니의 충격은 분노에 가까웠다. "내 눈에 흙이 들어가기 전에 저 꼴 안 본다. 자식 키워 판검사시키려고 일본 유학 보냈더니 저런 사당패놀음은 안 본다."고 하면서 어머니는 자리를 박차고 나가 버렸다. 첫 무용발표회는 한마디로 집안에 초상난 듯 발칵 뒤집어 놓았다.

  그러나 첫 무용발표회는 대구시민들과 문화인들에게 큰 충격을 주었다. 춤이라면 으레 권번의 기생들의 춤사위인 고전무용만 보아오던 사람들에게 현대무용은 일종의 문화적 충격이었다. 불모지나 다름없는 대구지역에서 신무용의 첫 보급이라 할 수 있다. 그때의 공연은 비록 많은 관객들을 모으지는 못했지만 대구 지방에서 선생님의 진가를 유감없이 발휘한 현대무용이 예술로서의 가치를 충분히 보여주어 신선한 바람을 일으켰다.
  현대무용이라는 생소한 공연을 위해서 서울에서 유명 악사들을 초빙하여 여러 차례 공연을 하였다. 아들이 무용에 대한 환상을 잊지 못하여 어머니를 설득했지만 허락받지 못하였다.
  어머니는 "내 눈에 흙이 들어가기 전에는 저 꼴은 못본다."고 완강하게 아들의 무용을 반대하던 어머니도 자식 이기는 부모가 없다고 했던가.
  그러나 어머니는 내 자식을 위하여 수고하는 사람들에게 삼덕동 자택에서 숙식을 제공하였다. 물론 의상비와 악사비, 출연자의 출연료까지 주었다.

　이렇듯 선생님은 무용에만 전념하였다. 젊은 연구생들과 작품에 몰두하면서 발표회와 위문공연을 다니면서 몇 해 안 가서 천석꾼의 그 많은 재산도 거들나 버렸다. 항상 부모님의 귀여움을 받았으나 그 많은 재산을 결국 다 무용으로 다 탕진하고 말았다. 가장 든든한 후원자였던 어머니를 생각하면 언제나 선생님은 눈시울을 적시곤 하였다.

　선생님은 1946년 24세 때에 윤혜자와 결혼하였다. 아들 휘진, 딸 혜숙 남매를 두었다. 그러나 가정사보다는 발표회와 위문공연 등 예술활동에 전념하다보니 자연 아내의 불평이 늘어났고 가정은 화목하지 못하였다.

　가족사도 그리 행복한 집안은 아니었다고 할 수 있다. 동생 한규는 경북대학교 재학 중 좌익으로 몰려 자진하였으며, 막내동생 수규도 신상옥 필름의 영화 조감독으로 활약하다가 폐병으로 타계하였다. 연이은 동생들의 죽음으로 제행무상을 깨달은 선생님은 삭발까지 하면서 허망한 인생의 뼈아픈 고통을 감내하였다.

경북문총구국대에 참여하다

선생님이 일본 유학을 마치고 귀국한 뒤 대구·경북에서 현대무용의 첫 깃발을 올리며 열정적으로 왕성한 예술 활동을 펼치는 한편 영남의 문화예술인들과 폭넓은 유대 관계를 가졌다.

해방이 되고 1948년 초대 대통령에 이승만 정부가 들어섰지만 나라의 현실은 처참하기만 하였다. 거기다 1950년 6월 25일 새벽, 북한 괴뢰집단의 기습적인 남침으로 동족상잔의 전쟁이 한반도를 휩쓸고 지나갔다. 사흘만에 서울이 점령당하자 정부는 대전을 거쳐 대구, 부산으로 정부를 옮기는 백척간두(百尺竿頭)의 위기에 처하였다.

정영진의 『대구이야기』 가운데 「대구의 문총구국대」에서 살펴보면

> 6,25전쟁이 나자 6월 29일 문화예술인들도 구국에 동참하자며 결성된 단체가 문총구국대(文總救國隊)였다. 6월 28일 간신히 한강을 건너 피신한 시인 서정주와 조지훈, 이한직은 29일 정부가 있는 대전에 도착, 이선근 국방부정훈국장의 승낙을 받고 종군문인단을 만든다.
> 대원은 이들 외에 박목월, 구상, 김윤성, 박화목, 서정태 시인과, 조흔파, 김송, 박용구 작가 등이었다. 가두방송과 벽보붙이기만 하던 문

총구국대의 본격적인 활동은 정부가 대구로 피난을 내려온 7월 16일 이후부터였다.

대구의 문총구국대는 이보다 앞선 7월 5일에 태동했다. 처음 구국대 가입에 관한 논의가 붉어지자 몇몇 시인들은 인민군의 거센 공세에 겁을 먹고 몸을 사렸던 것으로 전해진다. 혹시 세상이 뒤집혀 보복을 받을까봐 겁내었던 것 같다. 그러다가 가입하지 않는 것도 눈총을 받게 되자, 결성식 당일에야 슬그머니 얼굴을 내밀더라고 한다. 여리고 겁 많은 일부 시인들의 솔직한 속마음이었나보다. 이런 곡절을 겪고 이효상 대장을 중심으로, 김사엽, 이윤수, 김진태, 최계복, 강영기, 김영달, 조상원, 백락종, 유기영, 이호우, 김동사, 최해룡, 박양균, 신동집 등이 연달아 '경북구국대'에 들었다.

대구는 6·25전쟁 초기 문총구국대(文總救國隊)의 거점이었다. 조지훈의 주도로 대전에서 결성된 문총구국대는 전세가 악화되자 피란길에 나서야 했고, 새롭게 거처를 마련한 곳이 대구였다. 서정주, 박목월, 조흔파, 구상, 김광섭, 이헌구, 서정태, 김송, 조영암, 박연희, 이한직, 박노석, 박화목 등 한국문단을 대표하는 문인들이 문총구국대 일원으로 대구로 모여들었다.

문총구국대 경북지대와 함께 대구에서 본격적인 활동에 들어갔다. 대민방송의 원고를 쓰고, 위문공연과 시국강연을 열었다. 아군의 사기를 진작시키고 시대의 참상을 위로하는 작품을 잇따라 발표하였다.

가수 현인의 노래 「전우야 잘 자라」는 6·25전쟁이 한창이던 1950년 '9·28 서울수복' 직후에 발표되었다. "전우의 시체를 넘고 넘어 앞으로 앞으로/낙동강아 잘 있거라 우리는 전진한다/원한이야 피에 맺힌 적군을 무찌르고서/꽃잎처럼 떨어져 간 전우여 잘 자라." 이 노래는 전쟁통에 울려 퍼지며 군인과 피란민들의 마음을 사로잡았다. 노랫말 속의 비유는 과장이 아니었다. 피비린내 나는 전장(戰場)을 생생하게 증언하였다. 전우의 시체를 한 번이 아니라 넘고 넘어 여러 번, 그것도 비켜가지 않고 그대로 밟고 넘어야 하는 처절한 상황을 그대로 보여주었다.

대구로 피난 온 서울의 문인들이 합류하면서 경북구국대는 중앙본대의 확대강화 형태를 띠게 되었다. 6.25전쟁중이라 서울의 예술인들이 전쟁을 피해 대구로 몰려 들었다. 자연스레 영남 지역에서 활동하던 문화·예술인들도 경북문총구국대에 합류하였다.

대구 향촌동 모나미다방에서 열린 시인들의 출판기념회가 열리곤 하였다. 6.25전쟁 당시 대구에 머문 문인들은 작품집을 펴내고 출판기념회를 가졌다. 향촌동의 다방은 출판기념회 단골 장소였다. 전란의 피폐함 속에서도 문인들은 대구에서 다시 문학의 꽃을 피웠고, 대구는 당시 한국문단의 거점 역할을 하였다. 1951년 10월에는 피난문인들이 주축이 되어 국내 최초

예술학원인 '상고예술학원'을 설립하기도 했다. 남산동 교남학교를 학원 교사로 정하고 문학, 음악, 미술 3개 학과를 운영하였다. 이들 예술가들을 살펴보면 시인 백기만, 이효상, 유치환, 이윤수, 이설주, 박훈산, 화가 서동진, 장석수, 성악가 이점희, 무용가 김상규, 서상일(조양회관, 원화여고 설립자), 이응창(원화여고 교장), 신도환(유도인) 등이 두루 참여하였다.

대구문총구국대 본부가 둥지를 튼 곳이 대구 서문로의 감나무집이었다. 대구의 문화인들과 예술인들이 만나 막걸리로 배를 채우던 감나무집은 가난한 예술가들의 아지트였다.

6.25전쟁중에도 무용발표회 가지다

　36년간 일제강점기의 마수에서 벗어난지 5년이 지나 또다시 동족상잔의 6.25전쟁이 터지자 가난한 나라살림이나 개인의 삶은 피폐할대로 피폐하였다. 거기다 예술인들 또한 별반 다를 바가 없었다.

　전쟁의 광란 속에서도 1952년 4월 14일~15일까지 제2회 김상규 무용발표회가 중앙국립극장에서 열렸다. 「파동」, 「한량」, 「전선의 환상」, 「봄노리」, 「젊은 날의 추억」, 「봄처녀」, 「정불국토」, 「새싹」, 「무영탑」, 「파랑새」, 「악몽」, 「마음의 생태」, 「힘」, 「망상」, 「향토무」 등 다양한 프로그램으로 펼쳤다.

　전쟁 중에 대구로 옮긴 중앙국립극장은 키네마극장(현 한일극장)이다. 이 무용발표회는 전쟁의 참상을 무용으로 승화시켜 기록했다고 할 수 있겠다.

　제3회 김상규 무용발표회가 1953년 6월 4일~6일까지 키네마극장에서 열렸다. 「환희」, 「호걸무인」, 「동심」, 「월야」, 「검무」, 「희생」, 「춘일서정」, 「악몽」, 「파랑새」, 「기원」, 「휴식의 환상」, 「길손」, 「유상무상」, 「향토의 리듬」 등 다양한 레파토리로 펼쳤다.

제2회 김상규 무용발표회 팜플렛

제3회 김상규 신무용발표회 팜플렛

20대 후반의 선생님이 연습을 마치고
연구생 백운향, 박득남, 최영자 등과 사진을 찍다.

선생님은 6.25전쟁 때는 수산변전소(현재 한전) 소장으로 재직하였다. 삼덕동 자택 마당에 마루를 놓고 낮에는 변전소 사무실로 사용하였고, 저녁에는 의자와 책상을 치우고 무용연습을 하였다고 한다. 또한 사대부속국민학교 가교사, 삼덕국민학교 강당, 원화여중·고 강당, 대구여중 강당, 무봉사 법당 등 여러 곳에서 무용 연습을 하였다.

이런 척박한 환경 속에서도 선생은 항상 유머를 잊지 않았고 장난끼가 많았다. 철학, 예술, 정치, 교육, 경제 등 다방면에 박식하여 친구분을 만나면 밤새 이야기꽃을 피웠다. 바이올린과 하모니카 등 악기 연주도 남달라 음악 발표회도 가졌다.

선생님은 일본에 빼앗긴 조국에 대한 항거를 춤으로 표현한 민족무용가였다. 태평양전쟁, 6.25전쟁 등 민족의 아픔을 무용작품에 담아 무대에 올렸다.

「조국」을 공연하는 중 경찰에 체포되는 일까지 생겼다. 「조국」이란 작품의 내용은 사상이 의심된다면서 체포 당하는 웃지 못할 에피소드로 공연이 중단되기도 하였다.

김상규무용단은 1954년 6월 2일부터 4일까지 키네마극장에서 4회 무용발표회를 가졌다. 「목석」, 「소녀시절」, 「사의 유혹」, 「환희」, 「화염」, 「할량」, 「탈속」, 「아뜨리에 스냅」, 「봄과 더불어」, 「글방」, 「호수」, 「강마도」, 「광상」, 「향토무」 등 다양한 프로그램으로 꾸몄다.

 또한 김상규무용단은 부산, 밀양, 안동, 김천 등지에서 지방공연을 하였고, 또한 군부대 위문공연을 하면서 영남지방에 현대무용의 씨앗을 뿌렸다.

 이 무렵 제자들을 살펴보면 최미연, 허희, 한순욱, 조넘, 영화배우 이빈화, 박성옥, 박득남, 박득순, 백운향, 최영자, 한순옥, 최희, 박성복, 백년욱, 장성자, 이숙재, 주연희, 이숙환, 김상아, 서진은 등이다.

 대구는 우리나라 문화예술의 발상지라고 해도 과언이 아니다. 특히 대학무용이 개설되지 못했던 50년대에 대구에 김상규 선생님이 현대무용의 씨앗을 뿌린 선구자였다.

 당시에는 대학에 무용학과가 독립은 못했지만 체육무용학과가 신설되어서 오늘날 대한민국의 무용이 눈부신 발전을 거듭하였다고 볼 수 있겠다.

 선생님은 1950~1960년대 대구에서 활동하던 문화예술인들을 살펴보면 이효상(국회의장), 유치환, 백기만, 이윤수, 구상, 김춘수, 신동집, 박훈산 시인, 서동진, 장석수 화가, 서서일(원화여고 설립자), 이응창(원화여고 교장, 아동문학가), 조상민 사진가, 이점희 성악가, 신도환, 최영호 체육인 등 다양한 분야의 인물들과 두루 친분이 두터웠다.

이 땅의 무용을 위해 예술혼을 불태우며 천석꾼의 재산을 탕진하면서 온몸으로 영혼을 다 바친 선생님이야말로 한국의 선구적인 남자무용수라 할 수 있다.

〈지금은 남의 땅―빼앗긴 땅에도 봄이 오는가?〉라고 절규하던 이상화 시인이 민족시인이었다면 김상규 선생님 또한 민족무용가라 할 수 있겠다.

어릴적부터 춤에 빠지다

　나는 1939년 3월 19일 대구시 대신동에서 아버지 주상우와 어머니 문창덕 사이에 십일 남매의 막내로 태어났다. 큰어머니가 5남매를 남겨두고 상처를 하자 아버지는 24살이나 어린 스무살의 어머니와 재혼하셨다. 어머니는 시집 와서 6남매를 낳아 우리집은 11남매의 대가족이었다.

　어머니는 만삭의 몸이였지만 밥을 짓다가 아기를 낳아보니 딸이었다. 아들을 기다리다 막내딸이 태어나자 실망한 어머니는 핏덩이를 슬그머니 농 밑으로 밀쳐놓았다고 한다. 그 모습을 본 아버지는 "가만 두어라. 큰 인물이 될 것이다. 효녀가 될 것이니 잘 키워보자."고 어머니를 달래셨다고 한다. 내가 탯줄을 목에 감고 태어났다고 하여 태근이라 이름을 지었다고 한다.

　나는 십일 남매의 막내둥이였지만 부모님의 귀여움을 많이 받고 자랐다. 어릴 때부터 춤을 잘 추었다고 한다. 할머니가 잔치집에 가면 방에 빙 둘러앉은 노인네들 앞에서 어린 나는 춤을 추었다. 그러면 동네 어른들이 "세살 먹은 아이가 어쩌 저렇게 춤을 잘 출꼬."하면서 박수를 많이 쳐주어서 신이 났던 기억이 새롭다.

우리 식구들이 대동아전쟁이 격심하던 때는 고령에 가서 일년 남짓 살다가 해방이 되어 다시 대구로 나왔다. 나는 국민학교 때부터 동네에서 춤을 잘 추는 아이로 통하였다. 아이들을 모아놓고 춤을 가르치며 놀았다. 또한 동네 사람들 앞에서도 신나게 춤추기를 즐겨 하였다.

나는 대구 수창국민학교에 다녔다. 나중에 안 사실이지만 김상규 선생님과 영화배우 신성일 씨도 수창국민학교 출신이었다. 나는 수창국민학교 6회 졸업생으로 1951년 대구 원화여중에 입학하였다. 달성공원 앞 조양회관 건물에 원화여중·고가 있었다.

조양회관은 서상일(徐相日) 선생의 건물이었으나 사위인 이응창 선생이 유산으로 물려 받았다. 서상일 선생은 계몽운동, 비밀결사, 언론활동, 경제활동, 자치운동, 한국민주당 활동, 제헌국회 의원 등 독립운동가이자 정치인으로 다양한 행적을 남긴 큰 어른이시다.

또한 창주(滄洲) 이응창(李應昌) 교장선생님은 아동문학가이며 교육자로 대구에서 명망이 높았다. 1906년 대구광역시 출생으로 독립운동가인 우재(又齋) 이시영(李始榮)의 외아들로 1926년 경성사범학교를 졸업하였다. 초등학교 교사로 있으면서 〈죽순〉 동인으로 『석양 잠자리』 등 4권의 동시집을 발간하였다. 대구아동문학회를 창립하였고, 동인지를 발간하면서 지역 아동문학의 뿌리를 다졌다. 1955년 원화여고(源花女高)를 설립하여 초대 교장을 역임하였다.

이응창 교장선생님은 예술에 조예가 깊으셨다. 내가 원화여중에 다닐 때부터 무용을 하였다. 이런 내 모습이 교장선생님의 눈에 들었나보다.

김상규 선생님은 무용 연습실이 없어 원화여고 강당을 빌려 무용연습을 하였다. 어느날, 이응창 교장선생님이 중학생인 나를 데리고 학교 강당으로 갔다. 교장선생님은 김상규 선생님에게 말씀하셨다.

"주태근 학생은 무용에 재능이 있고, 열심히 하는 우리 학교의 재원입니다. 김선생님께서 이 학생에게 무용을 좀 가르쳐주세요."

그러나 선생님은 "단발머리 학생은 가르치지 않습니다."라고 단호하게 말씀하셨다.

나도 은근히 단발머리 학생이라고 달갑게 여기지 않는 그런 선생님에게 춤을 배울 마음이 없어져 그냥 나와 버렸다.

이것이 선생님과의 첫만남이었다.

선생님과 운명적 만남

원화여중 2학년 때였다. 학교에서 문화교실로 키네마극장에 가서 '김상규 현대무용'을 관람하였다. 나는 극장 무대 위를 춤추는 무희들의 모습에 완전 매료되어 가쁜 숨만 내쉬었다. 특히 김상규 남자무용수가 한 마리의 독수리가 비상하는 춤 장면은 지금도 잊을 수가 없다. 남자가 어떻게 저런 멋진 춤을 출 수 있을까?

처음 본 김상규 현대무용발표회의 환상적인 무희들의 황홀한 춤을 보면서 '아~ 내가 가야 할 길이 바로 이것이구나!'라고 마음 속으로 깨닫게 해준 계기가 되었다.

나는 이날부터 무용에 빠져서 점점 학교 공부와는 거리가 멀어졌다. 영화나 연극, 무용에만 마음이 이끌려 방황하였다. 학교를 그만 두고라도 어떻게 하면 김상규 선생님을 만날 수 있을까? 수소문을 해도 어디에서 무용연구소를 하는지 도무지 알 수가 없었다.

이런 나의 모습을 안타깝게 지켜보던 큰 오빠(주정환)가 "동생아, 내가 찾아볼께."라고 말씀하셨다. 큰 오빠가 김 선생 대신 대봉동에 있던 '김선화 무용연구소'를 소개해주었다. 그러나 나는 오랫동안 흠모하던 김상규 선생님이 아니어서 단번에 싫다고 말하였다.

　화가인 큰 오빠는 대구 출신의 「임자없는 나룻배」의 이규환 감독, 「태양의 거리」 민경식 감독과 친분이 두웠다. 두 분은 극장 간판 화가로 널리 알려졌는데 내가 오빠 사무실에 들르면 곧잘 용돈을 주었던 기억이 새삼 떠오른다.

　나는 무용가의 꿈을 버리지 못하고 선생님을 찾을 수 없어 그럭저럭 5년이란 세월이 속절없이 흘러갔다. 오랜 수소문 끝에 사대부속국민학교에서 무용 연습을 한다고 하였다. 나는 용기를 내어 찾아가보니 학교 가건물이었다. 강당도 아니고 창문도 없고 못이 튀어나올 정도로 삭아내린 마루바닥은 실망 그 자체였다. 그러나 나는 애써 불편한 마음을 감추었다.

　"선생님, 주태근이라고 합니다. 제가 원화여중 2학년 때 이응창 교장선생님과 함께 학교 강당에서 선생님을 처음 뵈웠습니다."

　"아, 그랬구나. 어떻게 찾아 왔느냐."

　"키네마극장에서 문화교실로 관람할 때부터 선생님의 춤에 빠졌습니다. 선생님의 무용실을 찾는데 5년이나 걸렸습니다."

　"아, 그랬구나. 춤이 그렇게도 좋으냐."

　"네, 선생님께 꼭 무용을 배우고 싶습니다."

"그래. 무용가의 길은 참으로 힘드는데 그래도 하겠느냐."

"네, 무용만 가르쳐 주신다면 열심히 하겠습니다."

나는 선생님께 이렇게 힘주어 말씀 드리고 간단한 무용 상담을 받은 뒤 집으로 돌아왔다.

집으로 돌아오면서 학교 가건물에서 무용을 연습하던 선생님을 떠올렸다. 극장 무대에서 그렇게 화려하고 멋진 춤사위를 보던 환상적인 세계와는 달리 학교 가건물에서의 무용연습 모습은 너무나 비참여서 내 마음은 혼란스럽기만 하였다. 내가 하고자 하는 무용수의 길 또한 결코 순탄하지 않을 것이라는 예감이 들었다.

그러나 내가 좋아하는 춤이라면 어떠한 어려움이 따르더라도 헤쳐나가야 한다고 마음 속으로 굳게 다짐하였다.

내가 정식으로 김상규 선생님 문하에 입문한 날은 1957년도 4월 1일 만우절날이었다. 어머니에게 월사금(렛슨비) 500원을 받아서 거짓말 같이 무용수의 길로 들어선 것이었다.

2부

기파 선생의 예술혼

—제1회 대한민국 무용제 우수상 수상작품 "回歸"의 한장면—
1979. 10. 1. 중앙국립극장

험난한 무용수의 길

지금 학생들은 상상할 수도 있는 일이지만 우리 연구생들이 지각이나 이유 없이 결석할 경우 한 사람이 잘못했을 때에도 단체로 선생님에게 뺨을 맞았다. 뺨을 안맞아 본 사람이 거의 없을 정도로 혹독하게 무용훈련을 시켰다. 그러나 연구생들은 아무도 불평, 불만을 하지 못하였다. 무용수의 길을 가려면 이렇게 뺨과 기합을 받으면서 무용을 배우는 것이 당연하다고 생각하던 시절이었다.

선생님은 렛슨을 하기 전에 언제나 무용이론부터 교육한 뒤 연습에 들어가 훈련을 시켰다.

당시 부모님들은 정말 순수해서 잘못이 있다면서 자식 교육시켜 달라고하는 부모들이었다. 남의 집 귀한 딸들을 어찌 그리 겁없이 뺨을 때리고 무용을 가르쳤는지 지금 시대에 생각해보면 까마득한 옛날이야기가 되었다.

50년대에는 무용의상, 무용신발 등 무용용품이 아무것도 없었다. 무용용품을 만드는 사람도 없었을 뿐만아니라 타이즈 슈즈는 꿈에도 꿀 수 없었던 가난한 시절이었다. 남자 런닝 셔츠

나 메리야스 바지에 물감을 들여서 만든 무용복을 입었다. 여름에는 전기불도 없고 물론 선풍기도 없었다.

겨울에는 난로가 없는 교실에서 연습하다보면 발이 꽁꽁 얼었다. 언 발을 녹이려 김이 나도록 무용연습을 하였다. 연습을 하다보면 겨드랑이에 물감이 까맣게 묻어나 지워지지 않았다.

무대 위에 공연 중인 무용수가 땀이나 겨드랑에 물감이 묻어난 것을 보고 관람하러 왔던 무용수의 아버지가 "저 놈의 계집애 시집은 다 보내겠다."고 하면서 그 무용수를 데리고 나가버렸다고 한다. 그러니 자연히 공연을 망쳤다. 정말 웃지 못할 시절의 이야기라 할 수 있다.

지금 세태와는 격세지감(隔世之感)이다. 현재 무용 활동을 하는 학생들은 상상 조차할 수 없을 것이다. 이런 좋은 세상에 살고 있는 무용인들은 축복 받은 사람들임에 틀림없음을 후진들에게 전해주고 싶다.

선생님은 연구생들에게 12월 연말이면 연구수련증을 주어 연구생들의 사기를 북돋아 주었다. 정식 학교가 아닐지라도 보통학교의 교과 과정을 그대로 시행하면서 연구생들과 무용을 그렇게도 사랑하며 몸 바친 선생님은 어디에서 그런 지혜와 능력, 교육의 모든 것을 구비하셨을까?

내가 1957년 12월 23일~24일 열린 제6회 김상규 무용발

매년 연말에 연구생들에게 연구수련증서를 주었다.

공연을 마치고 선생님이 단원들을 소개하는 모습

표회에 첫출연하였다.

「고혼」, 「사슬을 끊고」, 「징글벨」, 「애상곡」, 「가을의 회상시곡」, 「타령조」, 「파리의 하늘 아래」, 「인디안 리듬」, 「우리들의 거리」, 「의욕」, 「기차놀이」 등 다양한 레파토리로 꾸며졌다.

선생님과 뚜엣으로 「애상곡」과 여러 군무 작품에 출연하였다. 무용발표회에 출연한 뒤부터 선생님을 따라 경북, 경남 등 영남지역으로 지방공연을 많이 다녔다.

선생님은 "너는 나의 작품이다."라고 늘 말씀하셨다. 평생 이 말씀이 나의 뇌리에서 영영 잊혀지지 않는다.

연희라는 필명은 이윤수 시인이 지어주셨다. 김선생님과 친분이 두터웠던 이윤수 시인은 제자 김상아, 박수향의 이름도 지어주셨다. 그 고마움을 지금까지 잊지 않고 있으나 이윤수 선생님도 타계하셨으니 인생 무상을 느끼게 한다.

19살 무렵 대구사대부속국민학교 강당에서 연습을 마치고 후배 장성자와 함께(왼쪽이 주연희, 1958년 선생님이 찍어 준 사진).

경북무용협회 지부장에 취임하다

　선생님은 불모지나 다름없었던 영남지역에 현대무용의 씨앗을 뿌리며 김상규무용연구소를 설립하였고, 해방 이후 여섯 차례 무용발표회를 열었다. 또한 6,25전쟁 이후 수많은 위문 공연과 지방 공연을 다녔던 그간의 업적과 활동을 기려 무용인으로는 처음으로 1957년도 경상북도 문화상을 수상하였다.

　1962년에 발족한 사단법인 한국예술단체총연합회 경북무용협회 초대지부장으로 선출되었다. 선생님은 50~60년 비리와 중상, 모략이 판치는 지역의 열악한 현대무용의 현실을 개탄하였다. 선생님은 혼자 힘으로는 역부족이었다고 한탄하였다.
　특히 대구시립무용단을 창단할 때 현대무용의 개척자인 선생님도 몰랐다. 많은 예술인들에게 자문을 받아야하는 절차도 무시한 채 행정가들과 손을 잡고 암암리에 만들기도 하였다.

　1979년 무용 인구의 저변 확대와 국민의 정서 함양을 위한 10월 1일 제1회 대한민국무용제에서 「회귀」가 우수상을 수상하였다. 김상규무용단은 「회귀」로 우리나라 무용계의 선두주자

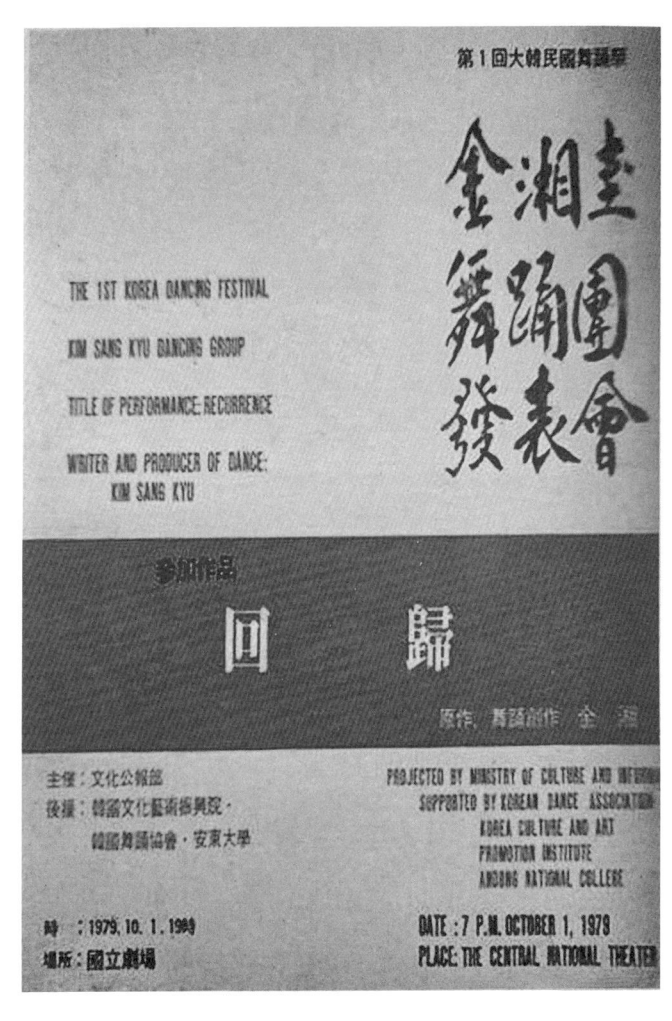

김상규무용단의 「회귀」 팜플렛

제1회 대한민국무용제 우수상 「회귀」의 한 장면
(중앙국립극장, 1979. 10. 1)

로 우뚝 서는 계기가 되었다.

　물질문명의 노예가 된 인간사회 부조리를 통해 본 인간상실에의 연민과 모든 사람이 본연의 자아로 돌아와야 한다는 「회귀」는 자연 존중이 바탕을 이루고 있는 작품이다.

　선생님은 1980년대에서 1988년까지 대한민국무용제 심사위원으로 활동하면서 우리나라 무용계의 조택원, 송범, 임성남, 최현, 이매방, 강선영, 김백봉, 김진걸, 박외선, 김문숙, 안재성, 최희선, 김매자, 조흥동, 육완순 등 많은 무용계 인사들과 활발한 교류를 가졌다.

　선생님은 1988년까지 경북무용협회를 이끌었다. 그러나 일부 회원들이 장기집권을 한다는 불평, 불만을 터뜨렸으나 선생님은 경북무용협회 지부장으로 유종의 미를 거두었다.

　선생님이 1989년 작고할 때까지 100여 편의 작품을 안무하였다. 매년 작품 발표회를 하다 보니 유산으로 받은 천석꾼의 많은 논밭은 물론 삼덕동 집까지 팔게 되어 셋방을 전전하면서 격심한 생활고에 시달렸다.

암울한 시대의 예술가

 해방과 6.25전쟁 등 거대한 역사의 소용돌이 속에서도 선생님은 현대무용에 대한 열정은 식을 줄 몰랐다. 삼덕동 자택, 사대부속국민학교 가교사를 전전하면서 수많은 작품을 창작하여 무용발표회를 열면서 왕성한 창작활동을 펼쳤다.
 오로지 무용에만 전념한 선생님은 젊은 연구생들과 작품에 몰두하면서 발표회, 위문공연 등으로 사생활은 순탄하지 못하였다. 첫 부인은 아이 둘을 남겨두고 서울 친정으로 떠나가 버렸다.
 그러다보니 연구생으로 있던 최영자와 동거를 시작하였고, 그런 사연이 세상에 알려지면서 선생님은 도덕적으로 뭇사람들의 비난의 대상이 되었다. 대구라는 좁은 바닥에서 가는 곳마다 입방아를 찧으면서 몹쓸 사람으로 몰아갔다.

 선생님은 생계를 위하여서는 쉼없이 공연하고 발표하였다. 그러나 예술을 이해하지 못하고 무시하는 그런 행사에서 돈이 생긴다해도 거절하였다. 미8군에 유엔 위문공연으로 초청이 되어 공연을 갔다. 마악 막이 올라가기 직전 스테이지 양옆에 크리스

마스 트리를 세워둔 것이 아닌가. 무대 위의 크리스마스 트리를 치워달라 요청하였으나 치울 수 없다고 하였다. 그러자 선생님은 결국 위문공연을 하지 않고 되돌아온 일도 있었다.

　선생님이 집에 돌아오면 어린 두 남매가 불도 없는 냉방에서 제대로 된 이불도 없이 지내는 것을 볼 때 가슴이 찢어지는 아픔을 느꼈다. 하지만 아이들이 고생하는 것을 보면서 가장으로서 무엇보다 가슴 아파하였다.

　선생님이 힘들어 할 때 누님이 동생과 친정의 두 조카들에게 정성을 다해 음식과 밥을 정성으로 챙겨주었다. 누님은 세상에서 둘도 없이 우애 깊은 형제분이었다.

　세상의 비난과 흉흉한 소문이 떠도는 가운데 1957년에 딸 소라가 태어났다. 그러나 호적에 올릴 수 없는 처지에다가 본부인에게 고소를 당하자 선생님은 결국 아들과 딸을 본부인에게 보내고 이혼을 하게 되었다.

　이러한 아픔 속에서 이루어진 두 번째 결혼 생활도 행복하지 못하였다. 가난을 견디지 못한 최영자는 소라를 데리고 부산 친정으로 가버렸다. 선생님이 딸이 보고싶어서 부산으로 내려가서 두 모녀를 데리고 오면 얼마 안 있어 또 가버렸다.

　선생님은 쓸쓸하고 외로운 생활을 하면서 배고픔을 견디며 무용에만 전념하였다. 혼자 고생하면서 사대부속국민학교 연습실을 지키며 제자들에게 무용 렛슨을 하였다.

그런 세월속에서 술로 시간을 보내는 선생님을 내가 곁에서 지켜보기가 안타까웠다. 마음의 병과 육신의 병까지 든 선생님을 곁에서 바라보는 마음이 너무나 아팠다. 아, 내가 불쌍하고, 불쌍한 선생님의 지팡이가 되어드리고 싶었다. 그래서 삼덕동 댁으로 가서 조금이라도 마음을 위로해 드리려고 창가(唱歌)나 밥과 반찬도 해드렸다. 연습장에 가서 연습을 하자 그런 소문이 최영자의 귀에도 들어갔나 보다.

대구의 향촌동 녹향다방, 무랑루즈다방, 성좌다방, 일식집 미향식당은 예술인들의 아지트였다. 저녁이면 선생님도 어김없이 향촌동으로 나가 예술인들과 만나 시름을 달랬다. 밤새 막걸리를 마시며 예술적 담론을 펼치던 것이 생의 유일한 기쁨이었는지도 모른다.

안동교육대학 교수로

선생님은 경북예술고등학교, 대구대학, 청구대학 등 영남 지역의 여러 학교에 출강하였다. 1966년도에 안동교육대학에 시간강사로 출강하였고, 문교부 논문 심사를 통과하여 전임교수가 되었다.

문교부는 1965년 2월 25일자 대통령령 제2059호로 국립학교설치령을 개정하여 1965년 3월 1일을 기해 안동교육대학과 군산교육대학을 신설토록 하였다.

이에 따라 안동교육대학은 1965년 3월 30일 제1회 신입생 200명(남 137, 여 63)의 입학식을 거행하면서 개교되었다. 안동교육대학은 개교와 동시에 본래 안동사범학교가 폐지되어 안동농업초급대학으로 인계된 도서관 자료를 그대로 인수하여 도서관을 개관하였다.

안동교육대학은 개교시 대한민국 교육이념 아래 국가와 사회 발전에 기여할 수 있는 자질을 함양하고 유능한 교사로 건전한 사상을 구유하고 지도적인 인격과 기능을 가진 초등학교 교사를 양성함을 그 목적으로 했다가 1967년에는 교육목표를 ①민족주체성이 강한 교사 양성, ②사회 및 개인윤리가 투철한 교사양성, ③교직관이 투철한 교사와 교육기술이 있는 교사 양성으로 하였다. 또한 그 이후에는 '유능한 초등교원 양성'을 교육목적으로 하였다.

입학생 정원은 처음에 10학급 400명이었다가 1967년에 14학급 560명, 1968년 1월에 18학급 720명, 1968년 12월에 20학급 800명으로 증원되었다. 그러나 1974년에 300명(10학급)으로 감축되었고, 1975학년도에 200명을 모집하였다.

1966년 3월 1일 18학급 편성의 부속국민학교를 설치하고, 1964년부터 보수교육과정을 개설하여 초급대학 졸업 이상의 학력을 가진 자를 대상으로 단기간의 교육을 실시하여 초등교원을 양성하여, 1969년까지 모두 1,892명의 수료자를 배출하였다.

1967년 12월 1일 임시초등교원양성소를 설치하여 준교사반과 2급 정교사반을 운영하여 단기과정을 통해 초등교원을 양성하여, 임시초등교원양성소는 2급 정교사과정 5기에 659명, 준교사과정 4기에 1,133명의 수료자를 배출하였다.

안동교육대학은 1978년 2월 28일자로 폐교되고, 동년 3월 1일 안동초급대학으로 개편되었다. 안동초급대학은 1979년 3월 국립안동대학교로 통합되었다.

선생님은 1966년부터 1987년까지 안동교육대학, 안동대학교에서 교수로 재직하면서 무용 비전공자로 구성된 학생써클 '카리티에스 써클'을 만들었다.

 선생님은 교사의 꿈을 안고 교육대학에 입학한 학생들이 수업을 마치고 틈 나는 시간에 현대무용을 전수하였다. 이것은 학생들이 교육자와 무용가의 길을 갈 수 있도록 혼신의 열정을 쏟았다.

 선생님은 작품 속에 민족의 혼과 애환을 작품화하였다.
 〈까마득한 날에/하늘이 처음 열리고/어데 닭 우는 소리 들렸으랴.//모든 산맥들이/바다를 연모해 휘달릴 때도/차마 이곳을 범하던 못하였으리라.//끊임 없는 광음을/부즈런한 계절이 피어선 지고/큰 강물이 비로소 길을 열었다./지금 눈 나리고/매화 향기 홀로 아득하니/내 여기 가난한 노래의 씨를 뿌려라.//다시 천고의 뒤에/백마 타고 오는 초인이 있어/이 광야에서 목놓아 부르게 하리라.〉―이육사의 「광야」 전문

 "천고의 뒤에/백마 타고 오는 초인"을 기다리듯 안동이 낳은 민족시인 이육사의 「광야」를 작품화하여 민족혼을 일깨우는 공연을 안동은 물론 경북 지역에서 여러 차례 펼쳤다.

힘들었던 안동생활

　삼덕동 집을 팔고 대명동의 허름하고 외진 곳으로 이사를 하였다. 안동교육대학으로 가기 전에 양식이 없어서 뼈만 앙상하던 선생님을 바라 볼 때 나는 정말 세상이 원망스러웠다. 이런 현실이 그저 막막하기만 하였다. 오갈 데 없던 선생님은 사대부속국민학교 강당을 빌려서 김상규무용연구소로 사용하였다.
　나는 이렇게까지 하면서 무용가로 살아가야 하는가하는 회의가 들 때가 많았다. 선생님은 대구를 못잊어 안안동교육대학으로 가는 것을 망설였다. 그러나 무엇보다 생계를 위해서 어쩔 수 없는 일이었다.
　선생님은 뜨거운 눈물을 하염없이 흘렸지만 예술가의 꿈도 꿀 수 없는 막막한 현실을 받아들이고 안동교육대학 전임으로 가기로 결정하면서 뒷바라지해온 나를 위로해 주었다.
　대구사대부속국민학교 강당의 김상규무용연구소 연습실을 나에게 물려주었다. 나중에는 '주연희무용학원'으로 다시 개설하였다.

　안동교육대학 전임강사로 막 안정을 찾아가고 있을 때였다.

느닷없이 최영자가 선생님과 나를 간통죄로 고소하였다. 이 때는 간통죄 법이 막 제정된 때여서 경찰이 집으로 와서 선생님을 연행하여 문초를 하였다. 그러나 우리가 동침하였다는 아무 증거도 찾아내지 못하자 선생님이 곧 풀려났다. 정말 기막힌 일이 아닐 수 없었다.

최영자는 대구로 돌아와서 사대부속국민학교 연구생들에게 남편의 불륜 증거도 없이 퍼뜨려 연구생들이 나오지 못하도록 하였다. 그런 일은 아내로서 할 수 없는 일이 아닌가. 세상이 없어지고 하늘이 무너진다 한들 아내로서, 예술인으로서 그런 짓을 해선 안될 것이다. 자신도 생각해 보면 어떻게 살아왔는지 반성하는 것이 아내의 자리가 아니겠는가.

그러나 최영자는 딸 소라를 키울 능력이 없어 안동의 아버지에게 보냈다. 선생님은 학교 근처 골방을 빌려 소라와 둘이 거처하면서 딸을 공부시켰다.

내가 대구에서 무용연구소를 운영하면서 번 돈으로 선생님의 뒷바라지를 하였다. 선생님이 편안하게 살고 아이 학비까지 보태어 드린 조건 없는 사랑이 나중에는 원수가 되어 나를 괴롭혔다. 최영자가 딸을 미끼로 안동으로 왔다갔다 한다는 소문이 대구에서도 아는 사람은 다 알았으나 나만 몰랐다.

내가 안동으로 찾아가 보니 최영자가 딸을 보러 왔다면서 있었다. 선생님에게 쫓아 버려라고 하고는 대구로 돌아왔다.

내가 대구에 있어서 무용학원을 운영하기에 매일 안동으로 갈 수도 없는 형편이었다. 딸 때문에 어찌 할 수도 없었던 상황이지만 그런 수모를 모질지 못한 선생님은 딸을 보고 애써 참으셨다.

선생님과 나의 집안 환경이 매우 흡사하였다. 이런저런 인연은 결코 우연이 아닌 필연이었다. 우리는 그 많은 풍파를 넘어서 1974년 1월 9일 경주 석굴암 법당에서 결혼식을 올렸다. 서설(瑞雪)이 내려 온세상은 은빛 세계였다.

우리나라 유물 중 석굴암은 세계적인 문화 유산이다. 신라 경덕왕 때 김대성이 전생의 어머니를 위해 석굴암을, 이승의 어머니를 위해 불국사를 세웠다고 한다. 석굴 사원으로 조성된 아치형 법당에 모셔둔 대불님은 그윽한 눈빛으로 사바세계의 우리를 따스하게 감싸안아 주었다.

나는 오랫동안 제자로, 부부의 연을 맺은 아내로 일인이역을 하면서 남들이 이해할 수 없는 생활로 살았다. 세상의 소문과 비난도 언젠가 세월이 지나면 해소되리라고 굳게 믿었다. 50여 년 동안 믿지 못할 이 사연을 가슴에 품고 살았던 세월을 이제서야 밝혀둔다.

소라 모녀

선생님은 아이들 중에도 딸 소라를 가장 사랑하고 귀여워하였다. 소라가 이화여대 무용학과에 입학하여 현대무용을 전공으로 택하였다. 아버지의 뒷바라지로 무사히 학업을 마치고 효성여자대학(현재 대구가톨릭대학) 교수로 발령을 받았다. 다행인 것은 아버지의 뒤를 이어 무용전공 교수로 성장한 딸이 집안의 영광이 아니겠는가.

소라가 효성여대 교수로 재직하자 두 모녀는 대구에 정착하게 되었다. 그러나 대구에 정착한 모녀가 나를 괴롭히기 시작하였다. 그 많은 지역에서 왜 하필 대구로 와서 '주연희 죽이기 작전'을 일으켰다. 선생님의 사생활을 드러내어 대구 무용계에 물의를 일으키며 "주연희는 나쁜 인간, 남의 남편을 빼앗아간 인간"이라고 떠들고 다니면서 쌍심지를 켜고 나를 매장시키고자 하였다.

김소라 교수는 입시생들이 효성여대 입학시험 면접 때 "어느 무용학원에서 배웠느냐?"고 물어본 뒤 "주연희무용소"라고 대답하면 실력의 유무와는 관계없이 무조건 불합격시켰다. 이런 사실이 대구무용계에 공공연하게 나돌던 소문이었다.

결국 내가 운영하는 무용소가 심각한 타격을 입었다. 고등학생들이 아무도 렛슨을 받으러 오지 않았다. 거기다 대학에 다니는 제자들마저 학점을 제대로 받지 못해 애로점이 많았다.

소라 모녀가 나에게 저지른 악행, 나를 향한 복수심은 말로 다 할 수 없을 지경이었다. 안동에 계시던 선생님은 이런 사실을 전혀 몰랐다.

내가 안동으로 찾아가 그간 있었던 일에 대하여 이야기하자 "설마 그럴리가 있겠느냐?"고 선생님은 도리어 나를 나무랐다. 심지어 "중간에서 이간질까지 한다."고 오히려 나를 탓하지 않는가.

나는 그간 혼자 참고 감내하였던 설움이 폭포처럼 쏟아져 나왔다. 선생님 앞에서 참았던 울음을 터뜨렸다. 어느 편도 들 수 없는 처지가 아닌가. 그러나 나는 이런 선생님이 매정하고 야속하기만 하였다. 그간 최영자에게 그렇게도 당하면서도 내 말을 믿지 못하다니 에휴, 그래 이것이 나에게 주어진 운명이라니 그저 눈물만 날 뿐이었다.

무심히 세월을 보내며 이 모든 것 나의 운명으로 돌렸다. 오직 무용 공연으로 대한민국무용제에 참가하여 나의 길을 굳혀 나가면서 전심으로 선생님을 뒷바라지하였다.

나는 2010년 김소라 교수가 골수암으로 세상을 떠났다는 소식을 들었다. 과거가 어찌되었던 간에 젊은 나이에 생을 마감했다니 정말 가슴이 아팠다.

나는 그 옛날을 회상하면서 아버지가 살아 계셨더라면 얼마나 가슴 아파하셨을까? 정작에 치료를 왜 못했을까? 진정으로 애석하였다. 오빠와는 배다른 형제이지만 조카와 골수가 같아서 이식수술을 받으면 회복이 가능하다고 하였다. 그러나 조카가 골수를 이식해주겠다고 했지만 오빠가 거절하여 끝내 수술도 받지 못하고 운명하였다니 참으로 안타까운 일이 아닐 수 없었다.

안동대학교 정년퇴임하다

선생님이 대구에서 안동으로 출퇴근하였다. 새벽 5시에 일어나서 커피와 계란후라이를 드시고 안동수업을 위해서 출근하는 모습은 누구나 할 수 있는 일은 아닐 것이다.

학생들의 강의를 위해 비가 오나 눈이 오나 선생님은 하루도 결근한 적이 없었다. 교수가 되면 휴강도 할 수 있으련만 학생들을 위해서는 어떤 일이 있어도 강의시간만은 반드시 지켰다. 그 정신, 그 정열, 그 책임감이 세상의 귀감이 되지 않을까싶다.

선생님은 통합된 안동대학교가 안동시 송천동 새 캠퍼스로 자리를 옮겨 체육학과 교수로 재직하였다. 무엇보다 체육학과에서 무용학과를 독립시키려고 무단히 애를 썼다.

그러나 세상에서는 알아주지 못했으니 안동대학교에서 독립적인 무용학과를 세우려고 고군분투하였다. 학교 당국은 물론 체육학과 교수들과 오랫동안 투쟁하였으나 끝내 뜻을 이루지 못하고 아쉬움을 가슴에 묻고 정년퇴임을 하였다.

선생님은 1987년 3월에 안동대학교에서 20년 넘게 교수로 재직하다가 정년퇴임하였다. 그간 고생을 많이 했으니 퇴직금은 내게 다 주겠다고 늘 말씀하셨다. 그러나 소라 모녀의 집을 장만해 준다면서 퇴직금을 다줘버려 결국 빈털터리가 되었다. 자신을 위해 돈 한 푼 써보지도 못한 채 고스란히 빼앗기고 말았다.

그러나 나는 오직 선생님이 건강하시기만을 바랄 뿐이었다. 내게는 살아갈 능력이 있으니 마음 편하게 살자고 위로하면서 퇴직금 문제를 더 이상 거론하지 않았다.

퇴임한 뒤에도 시간강사로 출강하면서 대구에서 안동으로 출퇴근하였다. 안동으로 갈 때는 군위 고향 선산에 모셔둔 어머니 산소를 지나가면서 선생님은 늘 "어머님 곁에 가시겠다."고 말씀하였다.

일요일에는 어머니 묘소에 들러 참배하곤 하였다.

나에게 "여기 이 자리가 내가 올 곳이다."라고 나에게 부탁하였다.

"왜 그런 말씀을 지금 하세요."

"언젠가 다 가야할 길이 아닌가 이 사람아! 앞에 보이는 연못이 비둘못인데 여기 누워서 안동 가는 버스를 바라보면 정말 좋겠다."면서 씨익 웃으셨다.

선생님은 어렴풋이 무엇인가를 느끼신 것 같은 예감이 들어

내 마음도 우울하였다. 그리고 얼마 안 계시다가 선생님은 1989년 1월 8일 돌아가셨다.

선생님은 누구에게나 "무용은 찰나의 예술이다. 무형으로 사라져 가는 것이 춤이다. 그러나 그 동작은 볼 수 없지만 예술의 혼과 정신은 영원히 살아있다."라고 말씀하시곤 하셨다.

선생님은 언제나 적이 많았다. 그러나 훌륭한 예술인들은 선생님을 따르고 좋아 하였다. 상대가 안 되는 피라미 같은 존재들이 선생님을 힐난했지만 선생님은 눈 하나 깜짝하지 않고 자신이 추구하는 예술에만 전념하셨다.

아, 그리운 나의 김상규 선생님! 선생님 가신지 36년, 오랜 세월이 지났지만 투철하게 예술가의 본질을 위해 애쓰시던 선생님의 모습이 낡은 영화 필름처럼 나의 뇌리를 스쳐 지나간다.

임종을 지키다

나는 정년퇴임한 선생님이 건강하시기만을 바라고 살아왔는데 이 무슨 날벼락이란 말인가. 퇴임한 뒤에도 시간강사로 출강하면서 대구에서 안동으로 다니셨다.

1988년도 12월, 문화예술진흥원에서 지원금을 받아 대한민국무용제 수상자들이 유럽 5개국으로 연수겸 관광을 떠났다. 나도 그 일원으로 유럽을 관광 중일 때였다. 호사다마랄까? 선생님이 안동성소병원에 입원하였다는 급보를 받았다.

나는 지체없이 1989년 1월 5일 귀국하여 곧바로 안동성소병원으로 갔다. 선생님은 많이 수척하였지만 곧 회복되리라고 나는 굳게 믿었다.

그러나 1월 7일 선생님이 갑자기 배가 많이 아파 고통을 참을 수 없는 상황이었다. 그때는 토요일이라 의사들이 퇴근하고 간호사들만 남아 어떻게 손을 쓸 수 없는 상황이었다. 격심한 통증을 지켜보다가 내가 소라에게 전화를 하였다. 그러나 "지금은 못 가고 내일 가겠다."고 하지 않는가. 택시를 타고라도 아버지께 달려와야지 나는 괘씸한 생각이 들었다.

선생님은 점점 정신이 흐미해졌다. 눈을 감고 나에게 창문을 열라고 손짓하였다.

　1월 8일 아침 나는 이젠 안되겠다는 생각이 들었다. 그때 소라가 왔다.

　"아버지, 소라가 왔습니다. 눈 좀 떠보세요."

　눈을 뜨지 못하고 위급한 상황이었다.

　"선생님, 소라가 왔습니다. 이제 소라와 같이 합심하여 잘 살겠어요. 눈 좀 떠보세요."라고 내가 말하였다.

　선생님은 눈을 감은 채 "그것이 예술이다."라고 가느다랗게 말씀하셨다. 더 이상 말씀을 못하셨다.

　안동성소병원에서 앰블런스로 경북의대병원으로 옮겼다. 경대병원에 도착하여 모든 조치를 다 취했으나 끝내 눈을 감고 말았다.

　선생님은 1989년 1월 8일(음력 12월 1일) 파란많은 한 생을 마쳤다. 선생님 가시는 곁에서 내가 마지막 종신을 하였다.

　대학병원 영안실 구석에 최영자가 와서 상복을 입혀 달라고 소라가 울고불며 야단을 쳤다. 누님께서 "이 사람아. 저렇게 소라어미가 울고 있는데 상복 입혀줄까?"라고 하였다. 내가 가만히 있으니까 "자네가 그만 허락해 주게."라고 재차 독촉하였다. 나는 도저히 그렇게 할 수가 없어서 대답을 못했다. '그래, 이젠 선생님도 영원히 가셨는데 그게 뭐 그리 중요하겠나'하는 생각이 들었다. 그래서 허락하여 상복을 입게 되었다.

기파 선생의 예술혼

　기파 선생님은 강직하고 검소하며 부지런하셨다. 불의를 보고 못 참고 거짓말을 싫어하였다. 부정을 제일 싫어 했으며 검은 돈을 거부하고 깨끗하게 살다 간 이 시대에 드문 인물이었다. 이것은 내가 선생님의 곁에서 지켜 본 산증인이다.

　선생님은 입시철 전국의 대학가에 검은 돈 거래를 늘 비판하며 "썩었다, 썩었구나."하시며 한국에는 진정한 교육자가 없는가 라고 장탄식하였다.

　김상규 선생님은 일생동안 불의와 타협하지 않았다. 청렴 결백하고 예술을 돈으로 팔지 않았다. "예술이 발전하여야 나라가 회복이 되고, 나라가 잘 되어야 예술이 발전하며 국민들이 아름다운 삶을 누릴 수 있다."고 교훈적인 말씀을 하셨다.

　기파 선생은 이 세상에서는 다시 찾아볼 수 없이 귀하신 분, 이후의 세상에서도 없을 것이라 믿으며 구구절절한 말씀 "대나무와 소나무는 비와 눈이 와야 그 푸르름을 알아본다. 한번 태어나서 가는 인생, 나라와 예술을 위해서 살아 가야지."라는 말씀은 생각할수록 가슴 아픈 마음이다.

김정하는 「한국무용의 표상, 김상규에서」에서 다음과 같이 설파하였다.

    식민지 치하에서 들어온 외국무용은 광복 이후 현대무용과 외국무용 부분에서 모체적 역할을 하게 되었고 이 당시에 창작무용이 처음으로 시도되었다. 이때 창작무용의 유형을 보면 우리나라 전통적 소재와 춤사위를 이용하여 서구식 전개방법을 도입하는 경우가 있었고, 또 한편으로는 서구양식을 혼합하여 창작하는 경우가 있었는데 이들 무용은 모두 신무용의 범주라고 볼 수 있다. 1954년~61년의 시기는 근대무용이 성장하고 분열, 재결합된 시기로 볼 수 있으나 1960년대에 들어서부터 무용인들이 어떠한 신념하에 미래지향적인 창작활동을 보이기 시작했다.(……)
    김상규는 어려운 시대적 상황과 보수적 색채가 특히 뚜렷한 대구의 지역적 특색에도 무용에 관련된 다양한 활동으로 대구의 현대무용이 발전할 수 있도록 중추적인 역할을 한 현대무용의 선구자이며 최초의 남성무용가이자 역사·행정·교육에 관련된 업적을 남긴 대구 무용계의 자존심이라고 할 수 있다.
    한 시대의 예술가는 당대의 새로운 예술을 창출해내고 그 예술은 후대에 이어져 또 다른 예술가를 탄생시킨다. 한국 현대무용사에는 김상규라는 대구 춤의 정신이며 봉우리임을 확신한다. 김상규의 삶의 실체와 실존의 의미를 더욱더 부각시켜 그의 정신을 잇는 일은 이 길을 걷는 후진들에 의해 수행될 과제로 남을 것이다. 그가 남겨놓은 현대무용의 정신과 자연의 법에 따라 시간이 지나도 더욱 깊이 있는 가치로 피어날 것이다. 이러한 예술을 모체로 김상규에 의한 대구무용의 발전은 현대무용의 정신적 이정표이며 대구 현대무용이 나아가야 할 방향 그 자체이기도 하다. 새로운 예술을 다음 세대에 물려줌으로써 예술의 꽃은 영원히 살아남으리라 기대한다.(……)

　김상규의 제자들과 그의 활동연보 및 작품 활동에 대한 메타적 접근을 함으로써 한국의 현대무용 선구자의 근거적 기반을 도출하여 우리나라 최초의 남성 현대무용가인 김상규의 업적을 통해 한국의 현대무용 수용기의 중심적 인물로서 예술사적 업적의 재조명과 함께 무용사적 평가가 필요할 것으로 사료된다. 또한 한국의 최초 현대무용가를 배출시킨 대구는 김상규 인물을 브랜드화시켜 그를 통해 지향해할 것은 무엇인지 무용계, 대구시 행정차원에서 지원과 보존을 위한 대안을 마련해야 할 것이며 앞으로 김상규 정신의 정체성을 가질 수 있는 현대무용이 나아가할 방향에 대한 모색의 장을 연구할 필요성이 있음을 제언하는 바이다.

　선생님은 언제나 작품 속에는 민족의 혼과 애환을 외면하지 않고 작품으로 승화시키고자 하였다.
　그 동안 선생님이 발표한 100여 편의 공연은 왕성한 창작의 욕을 여실히 보여주는 단적인 예라 할 수 있다. 대표작으로는 「호걸무인」, 「거미와 나비」, 「아뜨리에 스냅」, 「고혼」, 「잃어버린 마음」, 「기억을 기다리는 거울」, 「니르바나-나」, 「산소 결핍」, 「가면의 생태」, 「가로등」, 「재행무상」 등이 있다.
　인간존중을 삶의 철학으로 한 그의 작품세계는 휴머니즘을 바탕으로 했으며, '이사도라 던컨'의 자연주의 사상에 공감하여 그의 영향을 많이 받았는데 1957년에는 이사도라 던컨에게 바치는 추모발표회를 갖게 된다.

선생님의 작품세계를 살펴보면 「월화」, 「아뜨리에 스냅」, 「파랑새」, 「새싹」 등은 시대적 불운과 역경, 한계 속에서도 굴하지 않고 가슴속 깊이 고여있는 인간상과 미적인 감각, 풍부한 상상력이 우리 모두에게 공감을 준 작품이며, 「우리들의 거리」, 「가로등」, 「잃어버린 마음」, 「산소 결핍」, 「휴식의 환각」, 「아방가르드」, 「회귀」 등은 물질문명의 노예가 된 인간사회 부조리를 통해 본 인간상실에의 연민과 모든 사람이 본연의 자아로 돌아와야 한다는 자연 존중이 바탕을 이루고 있는 작품이다.

또한 「행마도」, 「유상무상」, 「탈」, 「니르바-나」, 「번뇌와 정각」, 「정멸 위락」, 「명상」 등은 정신적인 종교를 통한 끊임없는 연마로서 니르바나(해탈)에 이르고자 하는 간절한 염원이 담긴 작품이다. 그리고 「길손」, 「등산」, 「만원열차」 등은 일상속에서 일어나는 상황과 심리적 변화를 해학적으로 표현한 작품으로 6.25전쟁으로 인한 뼈저린 삶속에서 관객들로 하여금 웃음과 안온함을 가지게 한 작품이라 할 수 있다.

기파 김상규 선생님의 제자로는 이빈화, 박덕남, 최영자, 이화심, 박수향, 권미자, 장성자, 김경자, 구숙자, 카리티에스무용단 소속 제자로는 안순경이 있다. 그 외 한국의 무용계 중심에서 선 춤 리더로서 우뚝 선 무용가들로 이숙재(전 한양대학교 교수, 밀물예술진흥원 이사장), 백년욱(전 대구무용협회 회장) 등이 있다.

 그 뒤 주연희 무용연구소에서 작품활동을 하며 교육받았던 제자로는 오공주, 문창희, 박현옥, 제공숙, 김미연, 조영애, 박미향, 김애진, 김영희, 김선화, 이선화, 이앵규, 이연경, 석현주, 현애경, 최영미, 배정순, 이자경, 이영희, 조홍자, 배덕희, 정희연, 박정희 등이 있다.

 김상규 문하를 거친 직접적인 제자는 아니라 할지도 기파 선생님의 사상과 철학을 고스란히 발현시키고자 했던 주연희에 의해 제자들이 양성되어 지금까지 전국에서 현대무용 작품활동과 제자 양성에 힘을 쏟고 있다.

기파(技波) 김상규(金湘圭) 연보

■ 주요 연보

1922년 5월 25일 경상북도 군위군 금구 2동 134에서 아버지 김병호와 어머니 정직영 사이에 맏이로 태어났다. 수창국민학교 졸업 무렵에 1931년 9월 16일 대구공회당에서 최승희의 무용 공연을 보고 무용수를 꿈꾸다.

1935년~1944년 이시이 바쿠〔石井 漠〕무용연구소에 입문하다. 동경전기학교 본과, 1941년 와세다대학 문학부, 1943년 일본대학 예술학부 동경음악과를 수학하다.

1945년 해방 뒤 10년간의 유학생활을 마치고 귀국하다.

1946년 대구에서 김상규무용연구소를 창립하고, 1976년까지 13회 김상규 무용발표회를 가지다.

1966년 안동교육대학 교수로 재직하다가 1987년 3월 국립안동대학교에서 정년퇴임하다.

1962년~1988년 한국무용협회 경북·대구지부장 역임하였고, 경상북도 문화상, 한국예총 무용공로상, 금오대상, 대한민국무용제에 「회귀」로 최우수상, 금복문화상 등을 수상하다.

1989년 1월 8일 타계하여 경북 군위 선영에 안장되었다.

■대표 작품

「호걸무인」, 「거미와 나비」, 「아뜨리에 스냅」, 「고혼」, 「잃어버린 마음」, 「기억을 기다리는 거울」, 「산소 결핍」, 「가면의 생태」, 「가로등」, 「재행무상」, 「월화」, 「파랑새」, 「새싹」, 「우리들의 거리」, 「가로등」, 「잃어버린 마음」, 「휴식의 환각」, 「아방가르드」, 「회귀」, 「행마도」, 「유상무상」, 「탈」, 「니르바-나」, 「번뇌와 정각」, 「정멸 위락」, 「명상」, 「길손」, 「등산」, 「만원열차」 등 100여 편이 있다.

3부
춤, 그 격정의 파도

「산하」로 안무상 받다

한많은 세월을 보내면서 이 모든 것을 나의 운명으로 받아들이고 오직 무용 공연에만 전념하였다. 대한민국 무용제 참가하려고 혼신의 노력을 경주하면서 선생님의 뒷바라지를 열심히 하였다.

1987년 10월 서울문화예술관에서 열린 제9회 대한민국무용제에서 참가한 주연희무용연구소의 「산하」가 영예의 안무상을 수상한 것이다.

김상규 원작 「산하」를 내가 안무하였다. 조국 산하의 성스러운 형성의 춤과 광야에서의 삶의 터전의 창조, 백의 민족의 우월성과 8.15 해방과 분단된 조국의 슬픔을 그렸고, 마지막으로 조국 산하의 품에 안겨지는 과정을 5부 13장의 현대무용으로 재구성하였다.

안무자의 말에서 "오늘의 주인인 우리 인간이 아무리 이 땅에서 전능한 척 하여도 그것은 하나의 오만일 수 밖에 없다. 오만을 버리고 겸허한 내가 되어 볼 때, 찰나의 민족의 희비애락에 마음 사로잡힌 나를 측은히 바라보는 산하를 영원토록 인식하고자 하였다."고 적었다.

제9회 대한민국무용제

'87.10.11▷31 (오4:30 / 후7:30) 문예회관대극장
※단 11일은 오후 6시 1회공연

주최 : 한국문화예술진흥원
주관 : 한국무용협회
후원 : 문화공보부
　　　한국예술문화단체 총연합회

10월은 문화의 달, 10월 20일은 문화의 날

주연희 현대무용단　10.24-25　현대무용단 "탐"

주연희 현대무용단
산 하
작/김기피·안무/주연희

주연희　전미숙

현대무용단 "탐"
얼굴찾기
작/장수동·안무/전미숙

우리 민족은 유구한 이 강산을 죽지하여 만난을 무릅쓰고 산하를 모체로 해아나고 산하로 돌아간다. 따라서 민족의 생이 철학은 산하에서 나왔다. 이러한 성격에서 조국 분단의 슬픔은 산하를 에마르게 하고 있다.

이 작품은 한 인간이 높은 상위에 서서 반산연봉을 모고 있다가 조국 산하를 대고대부터 회상하는데서부터 시작된다. 산하의 형성과, 광야에서, 38선, 산하로 돌아가다 5개의 시퀜스로 안무 구성한 작품.

인류는 무의식의 세계를 가면을 통해 표출시켜 인간관계의 갈등을 극복해 왔다. 물론 우리 선조들도 예외는 아니었다. 이런 맥락에서 현대무용에 가면을 접합시켜 집단의 힘과 개인과의 갈등을 부각, 오늘 우리 사회가 겪고있는 엄청난 홍역들을 극복하는 和解의 중"으로 시작화 하였다. 그렇게 설정의 eve, 그리스신화의 올페, 단군신화의 무속적 원리들을 작품에 적절히 응용하여 하회탈 전설이 갖고있는 세계성을 재관하려 하였다.

얼굴을 잃어버린 현대인을 위한 굿은 오늘에 어떤 의미를 지닐까? 그 소박한 태답을 "얼굴찾기"를 통하여 해보는 것이다.

금슬회　10.27-28　김근희 무용단

금슬회
사랑굿 '87
작/심상현·안무/한보성

한보성　김근희

김근희 무용단
0의 세계
작/김근희·안무/김근희

추수 감사절 축제가 벌어지는 흥겨운 마당에서 못하지 않은 일로 장래를 약속한 집안이리 다툼이 일어나 사랑하는 석이와 분이 사이를 떼어놓게된다.

사랑의 환상을 위해 집을 등진채 갈등 떠난 석이와 분이는 어느 산골에서 환을 만나게된다. 분이의 육신에 의해 일어나는 사건으로 석이는 문등병에 걸리고, 또한 자신의 잘못으로 분들이가 된 석이를 구하려고 분이는 분신공양 할것을 자청한다.

분이가 타들어가게 석이는 문등병에서 벗어나고, 석이를 구하려고 자신을 불속으로 던진 분이의 숭고한 사랑에 석이는 인간이 보여줄 수 있는 최선의 사랑을 본다.

우리의 삶이 짧고 덧없음을 깨닫고 실감 하기까지도 오직 죽음만이 가장 확실한 나의 것 임을 알기까지 그 가까운 생활에 비하여 생은 얼마나 짧은 것 알에요. 가장 가까운 육친의 죽음에서 조차 그를 실감하지 못하는 우둔함은 그 무슨 현혹의 엄포 일까요, 죽은이 둘이 나누어 지난다면 오욕으로 가득한 엄포의 멍에를 벗을 수 있겠지요, 엄보는 어둠을 말고서야 그 모습을 들어내고 죽은이 들의 탄식 소리는 황혼의 고즈녁한 속에서나 들리더라지요.

第9回 大韓民國舞踊祭 按舞賞 受賞記念
朱姸姬現代舞踊團公演

受賞作品 「山河」 原作 金技波
按舞 朱姸姬

日時：1987.12.19(土). 下午7時　場所：大邱市民會舘大講堂
主催：朱姸姬舞踊硏究所, 後援：韓國舞踊協會 大邱直轄市支部
KBS 대구방송총국, 대구문화방송, 韓國文化藝術振興院

「산하」 대구공연 팜플렛

산과 강은 모든 것을 포용하고 있다. 이름하여 산하는 유구한 역사를 간직하여 왔으며 인간을 살게하고 인간이 돌아가야 하는 영원한 안식처인 것이다. 하늘이 처음 열리고 한반도의 형성이 시작된다.

찬란한 이 아침을
불러낸 이 산하여
별빛도 수줍어서
사르르 눈 감으면
살포시
내려앉은 아침 이슬에
화사하게 핀 무궁화여
우리는 하나가 되는 꿈을 꾸자
우리는 언제나 하나가 되는 꿈을 꾸자
살아있는 자들의 바램으로
죽어있는 자들의 바램으로
한반도 산하에 남은 자들의 기다림으로
휴전선 들고 멀리로
아주 멀리로 가자
그러면 우리는 하나가 되는 것 아니냐
백두산에서
한라산까지

하나의 혈맥으로 서로 통하는 혈관으로 남과 북이 하나가 되는 그 날 산하는 묵묵하고 이러한 민족의 수난을 모두 포용한다.
―「산하」 작품 해설에서

「산하」에서 열연하는 주연희

「산하」는 서울공연을 마치고, 12월 19일 저녁 7시에 대구시민회관 대강당 무대에 성황리에 다시 올렸다.

한국무용협회 강선영 이사장은 "제9회 대한민국 무용제에 참가했던 현대무용작품 「산하」가 영예의 안무상을 수상하고 주 선생의 고향인 대구에서 재공연을 한다는 소식을 듣고 섬세한 작품을 대구시민들에게 감상할 수 있는 기회가 주어졌다는데 반가움을 금치 않을 수 없습니다. 작품 「산하」는 누구나 쉽게 공감할 수 있고 전개되는 주제가 우리들 가슴에 금방 전달되어 소화시킬 수 있는 수작으로서 산과 강의 넓은 품에 민족 비극을 수용한 주제를 깨끗하게 정리하였다는 심사위원들의 일치된 평가이기도 합니다."라고 축하글을 보내주었다.

대구공연 인사말을 옮겨보면

    지난 10월 서울 문예회관대극장에서 개최된 제9회 대한민국무용제에 제가 참가하여 영예의 안무상을 받게된 것은 오로지 향토대구시민 여러분께서 저를 성원해주신 힘으로 믿고 있읍니다.

    이번 그 고마움에 보답하고자 작품 「산하」를 그대로 대구시민회관 무대로 옮겨서 수상기념 공연을 갖고자 하는 바입니다.

    돌이켜 보건데 김기파 선생님의 원작 「산하」 대본이 심사에 통과되어 연습이 시작된 것은 지난 6월부터 였습니다. 그로부터 10월까지 저와 단원들이 혼연일체가 되어 무더위속에서 고된 강행군이 시작되어 작품에 임하면서 느낀 것은 서울에 가서 대구무용의 위신을 떨어뜨리

지나 않을까 하는 염려스런 마음으로 연습하였던 것이 다행히도 단원들의 열성과 조명, 의상, 미술, 음악의 앙상블이 원작의 내용에 충실하여 이외의 성과를 거두게 된 것 같습니다.

저로서는 뜻밖의 분에 넘치는 수상을 하게 되고 보니 꾸준한 땀방울의 결과라고 믿고 감개무량할 뿐입니다. 이를 계기로 앞으로도 미력이나마 더욱 무용계를 위하여 노력할 것이며 무용 창작에 정진할 것을 다짐해 봅니다.

끝으로 이번 공연에 후원하여 주신 한국무용협회 강선영 이사장님과 각 기관장님, 저를 도와주신 여러분에게 감사드립니다.

「산하」의 출연자는 주연희, 이앵규, 이연경, 석현주, 최영미, 이승진, 김영희, 장경화, 이선화, 박정순, 이자경, 이미숙, 손지영 등이다.

스텝으로 음악 쟝미셀쟈르, 의상 주희정, 조명 원동균, 구용복, 미술 김세중, 음향 이성만 제씨가 맡았다.

대한민국무용제 수상자들에게 정부 지원으로 유럽 5개국 연수겸 관광을 다녀왔다. 더불어 중국 청도, 홍콩, 일본 히로시마, 대구광역시와 러시아 상트페테르부르크시와 자매결연으로 문희갑 시장과 계명대학교 신일희 총장, 나와 제자 이연경 등 5명이 러시아도 다녀왔다. 선진 문화 예술을 접하며 영원히 잊을 수 없는 환상적인 꿈의 여행으로 삶의 희열로 기억하고 있다.

한국무용협회 대구지회장에

내가 기파 선생님의 뒤를 이어 1990년~1998년까지 한국무용협회 대구지회장을 지냈다. 오매불망 대구무용 발전을 위하여 힘을 쓰시던 선생님의 유지(遺志)를 받들어 대구무용계를 위하여 나는 과연 무엇을 해야 할까하는 문제에 대해 고민하기 시작하였다.

선배 무용인으로서 대구의 무용학도들에게 무엇을 남겨줄 것인가. 자신의 명예만 내세우다가 지회장을 끝낸다면 먼 훗날 무슨 낯으로 선생님을 뵈올 수 있을까? 그렇다면 대구를 빛내고 후배 무용 식구들에게 물려 줄 사업이 무엇일까?

대구의 세계에 알리는 동시에 대구무용의 발전을 위해 영원히 이어나갈 수 있는 '예술의 금자탑을 세워야 겠다.'라고 생각하면서 무용 인구의 저변 확대와 대구무용의 위상을 높이기 위해 제1회 대구무용제를 1991년 6월 22부터 24일까지 3일간 대구문화예술회관 대강당에서 열렸다.

나는 대구무용제를 열면서 초대의 변은 다음과 같다.

서울무용제에 이어 지방에서는 처음으로 개최되는 대구무용제는 그

동안 모든 행사가 서울을 중심으로 이루어져 온 사실에 비추어 볼 때, 매우 뜻깊은 일로서 모든 무용인들과 더불어 진심으로 기뻐해 마지 않습니다. 돌이켜 보면, 현대무용이 이곳 대구에 뿌리를 내린 지도 어언 50년의 세월이 흘렀습니다. 그동안 많은 무용인들이 배출된 가운데 어느 도시 못지 않게 창작활동과 공연활동, 그리고 후진양성 등을 통해 꾸준히 발전을 이룩함으로써 한국무용 발전에 큰 몫을 해왔다고 생각합니다.

이렇게 볼 때, 이번에 개최되는 전국 규모의 대구무용제는 다소 때늦은 감도 없지 않으나, 향토무용인들에겐 어려움없이 참가하여 전국적으로 명망있는 유능한 단체들과 함께 작품세계의 꽃을 마음껏 피울 수 있게 되었음은 물론, 이같은 대향연을 대구시민들과 함께 가질 수 있다는데 큰 의의가 있다고 생각합니다

제1회 대구무용제는 6월 22일 임혜자·신순덕 현대무용단의 「두어 두고 가는 궤적」(안무 임혜자·신순덕), 효무회의 「갇힌 새」(안무 권정숙), 6월 23일 현대무용단 주―ㅁ의 「보이는 곳, 보이지 않는 곳」(안무 김현숙), 김애진 현대무용단의 「소리 없는 고성」(안무 김애진), 6월 24일 정귀인 부산현대무용단의 「바람의 말」(안무 정귀인), 초청공연 「파라다이스 로스트」(안무 오리다 가즈꼬) 등 6편의 현대무용을 무대에 올려 대구시민들에게 열렬한 호응을 받았다.

특별초청으로 일본무용계의 일인자이자 이시이 바쿠의 후계자 오리다 가즈꼬 선생의 「파라다이스 로스트」를 공연하였다.

대구무용제 팜플렛

제3회 대구무용제 한국춤모임 '짓'의 「독백」

나는 일곱 차례 대구무용제를 열면서 자리를 잡아가자 대구무용계를 한 단계 더 도약시키고자 국제무용제를 열기로 마음먹었다. 국제무용제를 통해 외국의 우수한 작품을 대구지역에 소개할 뿐만 아니라 대구무용을 국제 무대로 진출시키고자하는 야심찬 계획을 세웠던 것이었다.
　세계 여러 나라의 우수한 작품과 춤의 다양한 테크닉을 대구무용에 이입시킴으로서 대구의 계에 후진들에게 무한한 가능성과 발전할 꾀하겠는 일념으로 발걸음을 떼었다.
　그러나 국제무용제를 지역에 유치하기에는 열악한 대구시의 지원금으로 충당하기에는 턱 없이 부족하였다. 그러나 어쩔 수 없이 개인 자금을 투입하였다. 여러 나라의 우수작품을 유치 공연하여 대구무용인들의 발전할 수 있는, 또 비상할 수 있는 국제행사로 발돋움하기를 염원하였다.
　제1회 국제무용제 때 외국무용단을 초청·섭외할 때 계명대학교 김현옥 교수의 크나큰 은혜를 입었다. 진실로 고맙고 고마운 일이었다.

　대구국제무용세가 1997년 4월 5일~6일 이틀동안 대구문화예술회관에서 성황리에 열렸다.
　KBS 대구방송국 심갑섭 국장의 인사말을 옮겨보자.

신록의 계절, 4월에 세계무용인들이 한자리에 모여 펼치는 '97 대구국제무용페스티벌을 여러분들께 선보입니다. 우리나라를 비롯 벨기에, 프랑스, 덴마크, 미국, 중국, 일본 등 7개국의 8개 단체가 모여 주옥같은 작품을 선보이는 이번 행사는 공연예술에 있어 뜻깊은 행사로 여겨집니다. 특히 이번 행사는 아시아, 유럽, 북미 각국에서 참여, 세계 무용의 흐름을 한곳에서 볼 수 있는 공연으로 귀중한 무대가 되리라 믿습니다.

한 시대의 문화를 표현하는 무용은 세계인의 미적 예술로 놀이문화 속에서 사랑을 받으며 중요한 역활을 담당해 왔습니다. 그만큼 미적 중요성을 반영하는 무용예술은 인류애를 중시, 평화의 상징으로 이번 행사의 의의를 깊게하고 있습니다.

우리 대구에서 처음으로 열리는 '97 대구국제무용페스티벌은 무용을 통한 몸짓예술의 국제적인 교감을 느끼며, 세계가 하나임을 실감케 하는 행사로 여겨집니다. 이러한 점에서 우리 지역의 무용이 세계 속의 무용으로 꽃필 수 있는 가능성을 가늠케하는 행사로 그 소중함이 돋보이리라 확신을 합니다.

선생님께서 떠나신 후 더 많은 공연과 무용제 발표회를 개최할 수 있었으며 몸과 마음이 쉴 여유를 찾지 못하고 전국을 누비며 많은 행사를 개최하여 선생님이 계셨으며 얼마나 즐거워 하셨을까? 하늘에서 이 많은 축복을 주신 것인가. 생전에 "너는 나의 작품이다. 잊지 말아야 한다"는 그 말씀이 귓전에 남아 살아가는 나의 삶. 많은 교훈과 배움의 길이 오늘날 80순이 넘

'97 대구국제무용페스티벌 팜플렛

어서도 현대무용을 무대에서 출 수 있으니 과연 한국무용이 아닌 현대무용을 할 수 있는 무희들이 과연 몇이나 있을까?

선생님의 무용은 강한 생명력이 깃들어 있으며 건강한 정신력과 지칠줄 모르는 창의력, 우리의 춤을 아끼는 민족혼이 내재해 있다. 한국사람은 한국적인 춤을 추어야 한다고 늘 말해오면서 이 나라 무용예술의 발전을 위해 후학들을 올바르게 양성해야 한다는 신념만큼은 변함이 없었다.
우리나라 현대무용의 한 획을 그은 선생님은 "무용은 마음의 정화를 목적으로 한다. 무대를 쉽게 생각하지 말고 일생에 단 한번이라도 영혼이 깃든 춤을 추어라. 결국 예술은 인간을 살리는 것이어야 한다."고 강조하였다.
내가 한국무용협회 대구지회장으로 있으면서 대구무용제와 대구국제무용제 개최할 수 있었던 것은 선생님의 유지를 온전히 받들고자 하는 일 가운데 하나였다고 할 수 있겠다.

대구무용제 개최하다

　무용 인구의 저변 확대와 대구무용의 위상을 높이기 위해 제1회 대구무용제를 1991년 6월 22일~24일까지 3일간 대구문화예술회관 대강당에서 열렸다.
　전국 규모의 대구무용제는 다소 때늦은 감도 없지 않으나, 향토무용인들에겐 어려움없이 참가하여 전국적으로 명망있는 유능한 단체들과 함께 작품세계의 꽃을 마음껏 피울 수 있게 되었다.
　한국에 현대무용이 도입되어 그 싹을 틔운 것은 1930년대의 일로 일본무용의 선구자였던 이시이 바쿠 선생의 내한공연이 그 계기가 되었다. 특히 이시이 바쿠의 문하에서 다년간 사사를 받고 귀국한 김상규 선생님이 영남지역의 현대무용의 황무지에 씨를 뿌리고 온갖 열정을 쏟아 가꾸어 온 것이 오늘의 현대무용의 역사이다.
　제1회 대구무용제는 향토무용의 발전사를 되돌아 볼 수 있는 계기가 될 뿐만 아니라, 현대무용을 개척한 김상규 선생님에 대한 추모의 뜻도 아울러 갖게 되었다.

제3회 대구무용제를 1993년 5월 22부터 24일까지 3일간 대구문화예술회관 대강당에서 열렸다.

한국춤모임 짓의 「독백」(안무 배정현), 김예진 현대무용단의 「부유도」(안무 김애진), 서미숙 발레단의 「꼭두놀이」(안무 서무식), 프로미에르 벌레단의 「태양은 떠올라 빛을 발하리라」(안무 이연옥), 로고 현대무용단의 「완성으로의 춤」(안무 김지영), 장유경 무용단의 「날개」(안무 장유경), 초청공연 퓨리 댄스단의 「잉태」(안무 강송원)가 공연하였다.

제5회 대구무용제를 1995년 6월 16부터 18일까지 3일간 대구문화예술회관 대강당에서 열렸다.

부산발레연구회의 「인어공주를 위하여」(안무 윤은영), 트러스트현대무용단의 「라이따이한」(안무 김형희), 다음무용단의 「우렁각시 이야기」(안무 김용철), 동아발레연구회 「내가 존재하는 이유」(안무 최영순), 구본숙 현대무용단의 「2100년 오딧세이」(안무 구본숙), 청무회의 「백의환상」(안무 육영임), 초청 댄스 씨어터온의 「13 아해의 질주」(안무 홍승엽)가 공연하였다.

2024년 5월 22일 매일신문 기사를 보면 다음과 같다.

대구무용협회가 주최하는 제34회 대구무용제가 이 달 25일 오후 7시 대구문화예술회관 팔공홀에서 펼쳐진다. 이날 행사는 오는 9월 제주도에서 열리는 제33회 전국무용제에 참여할 대구 대표 무용단체를

춤을 꽃으로 상징한 대구무용제 팜플렛

제5회 대구무용제 구본숙 안무의 「2100년 오딧세이」

제5회 대구무용제 홍승엽 안무, 연출의
「13 아해의 질주」

선발하는 경연대회이다.

첫 번째 경연팀은 척프로젝트(안무 최재호)로 「교집합-스치듯 물들 여지는 모든 것들에 대한」이란 작품을 무대에 올린다. 한국무용을 기반으로 한 창작 작품으로, 본래의 나 자신을 숨기고 누군가를 위해 나 자신을 감추며 다른 인격체로 살아가는 현대인들의 모습을 담는다.

두 번째 경연팀 M.F.L(Movement for liberty)(안무 이재진)은 「다이빙」이란 작품으로 관객과 만난다. 자신만의 방에서 나오기가 두려운 사람들, 뛰어들고 나오길 반복하는 과정에서 괴로움을 느끼는 사람들을 위한 응원의 메시지를 표현한다. 괴로움을 느끼는 사람들을 위한 응원의 메시지를 표현한다.

경연에 앞서 축하뮤대로 정효민의 「태평무」(강선영류), 엄선민 소울무용단의 「장고춤」(배정혜류)이 선보인다.―이현주 기자

마사그레엄 무용이 이화여대를 통해 보급 발전됨으로써 한국 현대무용의 물줄기를 이루고 있는 사실과 아울러 대구무용제가 영남지역에서 현대무용의 황무지에 씨를 뿌리고 열정을 쏟아 가꾸어 온 기파 선생님의 예술 정신을 기리는 계기가 될 것이다.

그간 대구무용제를 위해 애써준 행정당국과 와 우방주택, 대구은행, 대구백화점의 협조에 충심으로 감사를 올릴 뿐이다.

이제 대구무용제는 35년의 역사를 가진 대구예술의 대표적인 브랜드가 되었다고 자부한다.

춤의 해 「백두기둥」으로 우뚝 서다

1992년 '춤의 해'를 맞이하여 부산에서 열린 14개 지역 전국무용제에서 「백두기둥」이 대통령상, 안무상, 연기상을 수상하였다.

더불어 문화예술진흥원의 지원금을 받아서 「백두기둥」 공연이 3월 24일~25일 저녁 6시에 대구시민회관 대강당에서 열렸다. 주연희무용단의 열일곱 번째 발표회이기도 하였다.

한국예술문화단체 총연합회 강선영 회장은 정겨운 인사말을 들려주었다.

춤의 열기로 가득 차 있습니다. 이는 그 동안 많은 무용인들이 이 땅에 무용을 정착시키기 위해 숱한 고난과 역경을 무릅쓰고 열과 성을 다해 헌신을 기울인 결과 오늘과 같이 전 세계의 무용계가 부러워 하는 춤의 해 행사를 가지게 된 것입니다. 영남 무용계의 독보적 인재이신 주연희 선생님께서 최초로 문예진흥원의 창작활성화 지원금의 혜택을 받아 공연을 가지게 된 작품 「백두기둥」은 주선생님께서 가장 심혈을 기울인 작품으로 기대가 크다 하겠습니다. 일본의 현대무용 선구자인 이시이바구 문하에서 수업을 하고 귀국하여 영남무용계를 이끌어 오신 故 金 선생님의 수제자로 활동해오신 주연희 선생님은 설명이 따

춤의 해 「백두기둥」 팜플렛

백두기둥

회복되지 않은 이 산하,
시간적 굴레의 현재성과 절곡의 역사 앞에서
유유히 흐르는 민족의 의지와 숙명을
만남의 약속으로 상징시킨
백두기둥의 노래로 부르는
겨레에게 던져진 애절한 평화의 노래

● 둥둥둥 동방의 빛, 한반도여

오늘도 우리들이 보여주는 이야기는 늘상 보여주는 맑은 이야기처럼 번득이며 이 땅의 어둠을 거두고 있네. 빛들은 한없이 원을 그리며 우리들의 꿈과 행복을 들려주고, 용솟음 치는 거대한 역사로 건강한 화살의 시위줄을 당기며 힘차게 퉁기어 심연의 백두기둥을 향해 날으고 …

● 한겨레 분단의 넋이여

천둥과 폭우가 휘몰아 치는 어둠 속 바람의 성난 소리는 번쩍이는 번개 속에서 미친듯이 날뛰고, 우리는 어디로 가지. 눈 앞의 모습은 수천 길의 낭떠러지 절벽 뿐이야 – 달려드는 불빛 속 일어서려고 안간힘을 다 하지만 모두들 하나 둘씩 바람에 시든 낙엽처럼 뒹굴 뿐이야.

태초의 빛들이 평온의 땅, 한반도에서
아스라한 전설처럼 하늘을 덮고 땅을 비추일 때
오색의 구름 속에서 들려오는 거대한 북소리
영원한 역사의 긴 생명줄처럼
한민족의 가슴을 깊숙이 깊숙이 두드리고

● 한반도여, 영원한 존재여

… 통일의 노래는 웅장하게 어둠 속에서도 계속 들리어 오고 … 빛들의 흔들림 속으로 우리들의 흔적은 흔적으로 남아 지난 일을 되새기듯 힘없이 쓸어져 연심의 괴로움으로 남아 빛 바래지고. 그리움의 과거는 가슴 속 상처로 아물지 않고 세월의 시간 속에서 갈수록 생경하게 던져진다.
더듬는 우리들의 발길은 열망처럼 커져만 가고 …

● 소용돌이, 하나의 온전함

하늘에서 끊임없이 내려오는 일직선의 빛들은 무용수들이 펼쳐낸 흰 천과 함께 어울려 하나의 기둥을 만들고, 백두의 모습은 푸른 빛으로 서서히 모습을 바꾸며 한반도의 영원한 생명과 평화를 던져 준다. 무용수들은 군무를 이루며 쉴새없이 던져지는 하늘의 흰 꽃과 함께 어울려 힘차고 아름다운 축복을 둘러주며 겨레의 문을 열고 있어.

「백두기둥」에서 열연한 주연희

「백두기둥」에 특별출연한 일본의 이즈미 가쯔시와 뚜엣 장면

로 필요없는 잘 알려진 분이며 일본에서 온 이즈미 가쯔시 역시 이시이바구 계열인 이시이미도리 문하의 수제자인 같은 계열 무용인들의 뚜엣은 환상의 콤비라 생각됩니다. 부디 주옥같은 작품이 성공할 수 있으리라 믿으며 출연하신 모든 분들에게 뜨거운 박수를 보내드리는 바입니다.

「백두기둥」은 겨레에게 던져진 애절한 평화의 노래이다. 오늘도 우리들이 보여주는 이야기는 늘상 보여주는 맑은 이야기처럼 번득이며 이 땅의 어둠을 거두고 있다.「백두기둥」은 1부 둥둥둥 동방의 빛, 한반도여, 2부 한겨레 분단의 넋이여, 3부 한반도여, 영원한 존재여, 4부 소용돌이, 하나의 온전함 등 4부로 구성하였다. 빛들은 한없이 원을 그리며 우리들의 꿈과 행복을 들려주고, 용솟음치는 거대한 역사로 건강한 화살의 시위줄을 당기며 힘차게 퉁기어 심연의 백두기둥을 향해 날고자하는 염원을 춤으로 담았다.

나는 안무자의 말에서 "이 춤은 우리나라의 역사성과 민족성을 재조명해 통일을 기점으로 그 이전과 이후로 나누어 구성했다. 따라서 과거와 현재, 미래로 크게 구분시켜 현재를 기점으로 춤을 조망하고 있다. 우리들의 삶속에서 진솔한 갈망으로 표현되는 민족통일의 진정한 모습을 희망이나 꿈이 아닌 현실과 미래를 반영시켜낸 춤으로 나타냈다. 물론 겨레에 대한 사랑과 아름다운 민족애를 담은 한민족의 새로운 조망을 생각하면서… 따라서 이 춤은 우리 민족의 염원인 통일의 모습을 가슴에 그리며 새로운 한민족의 하나됨을 표현, 미래에 도래하게됨을 우리들의 희망을 상징성 있게 유추해 내고자 한다."고 하였다.

「백두기둥」에는 이시이 바쿠의 무용의 맥을 잇는 일본의 무용가 이즈미 가쯔시 선생이 특별 출연하였다. 김미연, 박정순, 최윤정, 이미숙, 이선화, 정희연, 김영희, 김순정, 박은미, 전혜진, 조영순, 강은주, 노진상, 최병길, 정주태가 출연하였다.

스텝진으로 안무 주연희, 음악 이상만, 대본 권승하, 조명 정병권·원동규, 음향 이성만, 무대장치 박한수, 의상 미스터 리, 사진 & 프린팅 박성애 등이다.

1992년 '춤의 해'를 맞이하여 14개 지역 전국무용제 1회에 「백두기둥」으로 대통령상, 안무상, 연기상을 받고 한국무용계에서 승승장구하였다. 또한 주연희 무용연구소에서 연구생들이 많아 주연희 시대의 전성기였음은 회고할 수 있겠다.

故
金湘圭 先生
追慕
舞踊公演

장소 : 대구시민회관 대극장
일시 : 1992년 12월 27일 저녁 7시

1 9 9 2

Place :
  The Great Hall of
  Taegu Citizen's House

Date :
  December 27(sun) P.M 7 : 00

기파 선생 추모무용 공연

우리나라 현대 무용계의 원로이며 지역 무용의 선구자인 김상규 선생 3주기를 맞아 '김상규선생 추모무용공연'이 1992년 12월 27일 저녁 7시에 대구시민회관 대극장에서 열렸다.

> 이 나라의 무용계 횃불이자 선구자이신 선생님의 생전 행로를 그려보자니 「춤의 해」라는 역사적 헤이라 더욱 감회가 새롭습니다.
> 소년기의 김상규 선생님은 조택원, 최승희, 석정 막의 공연을 보고 그 길을 택할 것을 결심, 도일함으로써 법률공부를 해오길 소원했던 편모의 바램을 실망시키면서까지 무용을 수학하셨습니다.
> 1946년 봄부터 한국의 무용계에 큰 획을 긋기 시작한 선생님은 대구지역 무용의 뿌리 역할을 하셨습니다. 무용의 불모지인 한국의 척박한 여건에도 남자 무용수로서 아름답고 주옥같은 작품을 많이 남기셨습니다.
> 가신 그 분의 길을 뒤돌아 보면서 진행하는 이번 공연을 통해 다시 한번 추모드립니다.
> ─한국무용협회 조흥동 이사장 '추모사'에서

김상규 선생 추모무용공연은 「님을 향한 쏘나타」, 「살풀이」, 「파랑새(애기와 어른부, 재현)」, 「하늘로 가는 길」, 「완행열차(재현)」,

「기억을 기다리는 거울」(재현) 등의 다양한 레파토리로 꾸며졌다.

■「님을 향한 쏘나타」
나, 갈바람에 흔들리는
그대 귀밑머리 아래,
윤기나는 한 개 풀씨되어 있다가
그대 잠든 푸근한 흙 위에 떨어져
살속으로 스미리라.
어둡고 습기찬 그대 살 속에
내, 이제는 흙이 되어 누워
까맣게 여문 씨앗을 기다리며
스산한 지상에 남으리라.
빈손으로 남으리라.
안무 : 이숙재(한양대 무용과 교수), 출연 이향자, 유정재, 이진경, 이진희, 김은희, 남경이, 이보영, 허문선.

■「살풀이」
여인네들의 한과 멋을 휘돌리는 흰손수건을 통해 우아하고 정아한 춤으로 승화시킨 장성자의 살풀이춤

■「파랑새」(애기와 어른, 1948년 초연)

오곡이 무르익은 황금빛 들판에 오늘도 어린 손녀는 새를 쫓으려 간다. 할아버지는 손녀를 찾아서 동심으로 돌아가서 한때를 즐기다가 노을이 되자 돌아가는 전원풍경을 그린 것이다.

출연 최희선(한길무용회 대표), 탁수진

■「하늘로 가는 길」

잠시 세상에 살면서 항상 찬송 부르다가 날이 저물어 오라 하시면 열린 천국문으로 들어가 세상짐 내려놓고 면류관 받아쓰리.

안무 서진은(청주 서원대학교 교수), 출연 서진은 외

■「완행열차」(재현)

20여 년 동안 안동에서 대구를 왕래하면서 열차 속에서의 서민들의 애환과 삶을 풍자한 작품이다.

출연 최희선(한길무용회 대표), 박득남, 박득순, 장성자

■「기억을 기다리는 거울」(재현)

불안, 초조, 부조리 속에 生을 엮어가는 현대인의 마음을 그린 것 작품이다.

안무 주연희(한국무용협회 대구지부장), 출연 조홍자, 최윤정, 이선화, 김연희, 김순정, 김영희, 강은주

제자들이 여섯 파트로 나눠 펼친 기파 선생 추모무용 공연을 통

1948년 초연 「파랑새(애기와 어른)」의 한 장면

생전 「완행열차」의 한 장면

해 한국 무용사에 선구자로서의 아픈 고통이 이 땅의 무용꽃으로 피어나게 되었음을. 또한 많은 후진들에게 예술의 역사를 다시 되새겨 보게 해주었다.

제자들은 선생님에 대한 추모의 마음을 바쳤다.

 인생의 무상함을 언제나 꿈으로 비유하시던 우리들의 스승님. 그분이 꿈과 같이 떠나신지도 어언 3이 지났습니다. 다시 뵈올 수 없고 들을 수 없는 그 인자하신 목소리, 주옥같은 작품들……. 언제 다시 만날 수가 있으리오.

 스승님의 그 자리가 그렇게도 소중하고 위대하신 줄 미처 몰라 세월이 흐를수록 우리들의 가슴 한 구석에 진한 그리움으로 자리잡고 있습니다.

 대구 땅 불모지에서 역경을 딛고 현대무용의 뿌리를 내리게하신 이 땅에 선생님의 맥을 이어 우리들은 고군분투하고 있습니다.

 앙상한 가지가지마다 초겨울의 서리가 시러운 계절에 더없이 따뜻한 화롯불 같은 대구시의 배려 손길이 너무나 감사함을 이번 행사를 통해 느낍니다. 대구시가 발족한 이래 처음으로 기획한 "대구·경북을 빛낸 작고 예술인을 위한 무대공연"은 우리 제자들에게 더없이 영광스러운 일이 아닐 수 없습니다.

 어린 나이로 일본 유학을 통해 무용의 꿈을 키워오신 선생님의 고학의 길은 해방이 되어 귀국함으로써 대구현대무용의 씨앗으로 심어지는 선구자의 고통으로 이어졌습니다.

 여성이 아닌 남성무용가로서 사회와 가정의 차가운 냉대와 질시 속에서도 무용을 버리지 아니하시고 오로지 한길을 걸어오신 선생님! 선생님의 생전에 못다하신 말씀들을 되새겨보고 선생님 작품들을 재현하여 우리 제자들이 선생님의 업적을 추모하고자 합니다.

김상규 선생님 추모공연을 위해 많은 분들의 도움이 있었다. 서울에서 활동하는 무용가 임성남, 조택원, 김백봉, 김진걸, 최현, 강선영, 안제승, 이매방, 박외신, 육완순. 조홍동. 최희실. 김매자 제씨들이 성원하여 주었다.

지금은 타계하셨지만 추모공연을 위하여 대구로 내려와 돌봐주신 최희선 선생님의 은혜를 잊을 수가 없다. 일본 무용가를 초빙 공연할 때와 오사카에 초청받아 갔을 때 최선생님은 능숙한 일본어로 통역해 주었다. 너무나 그리운 추억의 시절이었음을 추억한다. 우리가 살아가는 삶이 정말 일장춘몽임을 실감하게 한다.

기파 선생님과 인연이 닿은 20여 명의 제자들의 극진한 애정이 묻어나는 추모무대는 한국무용사에 오래 기억될 무대였다.

주연희 무용 40년 기념공연

　주연희 무용 40년 기념공연이 1996년 3월 30일 저녁 7시에 대구문화예술회관에서 열었다.

　내가 1957년 김상규 신무용연구소에 입소하여 무용가의 길을 걸어온지 어언 40년, 그 길이 멀고도 먼 여행이었다. 매섭고 차가웠던 긴 겨울, 눈보라와 태풍이 몰아치며 험난하기만 했던 세파 속에서도 굳게 지켜온 송죽의 푸르른 절개 같은 의지 하나로 꿋꿋이 무용의 길을 걸어왔다고 자부하였다.

　나는 무용가의 길 40주년의 변으로 "되돌아보면 40여 년 동안 닦아온 무용의 길이 정녕 가시밭길만이 아니라 슬픔과 고난의 역경 속에서도 예술의 꽃을 마음껏 펼칠 수 있었다는 것이 큰 기쁨이었습니다. 어느 누구도 느끼지 못하는 저 혼자만의 희열, 그리고 고귀한 추억을 안고 오늘 이 무대에 벌거벗은 나의 영혼을 보여드리고자 합니다. 20여 차례의 개인발표회를 치루어 오면서 그동안 많은 것을 얻고 잃었지만, 오늘 이 무대 만큼은 저에게 있어서 더없이 소중한 무대로 가슴 깊이 남아있을 것입니다. 지금까지 저를 이끌어 주시고, 예술인의 길을 걷게 해주신 저의 스승 김상규 선생님의 영전 앞에 모든 것을 바치는

주연희 무용 40년 팜플렛

무대가 되고자 합니다."고 토로하였다.

40년 기념 공연 프로그램으로 1부「불이심(不二心)」,「정(井)」,「마리화나」,「나일강의 비애」, 2부「백두기둥」으로 꾸몄다.

1부「불이심(출연 주연희)」은 인간은 번뇌와 고뇌 속에서 새로운 정신적인 탄생을 꿈꾸며, 자신의 삶을 끊임없이 정제시켜 나간다. 마침내 인생의 덧없음 속에서 새로운 자아를 발견, 진실된 참 모습을 보게 된다. 모든 사물은 유일하게 우주 속에서 하나로 존재 하듯이 인간의 마음 역시 오직 하나일 뿐이다는 주제이다.

「정(井)」은 우리네 여인들의 삶은 굴곡으로 점철된 그리움과 한의 연속이다. 이미 태어나면서 삶에 대한 거부의 빛깔보다 순종의 미덕에 길들여지면서 비가(悲歌)는 시작된다. 여인네들의 삶을 혼히 우리는 숙명이라고 이름 지우며, 또 살아가고 있다는 주제이다.

출연자는 이연경, 조홍자, 김순정, 엄지영, 김영희이다.

「마리화나(출연 주연희)」는 인간의 흔적 속으로 떠돌며 추락의 빛으로 빚어지는 너, 절망의 넋. 던져진 웃음마다 온갖 어지름증에 시달리는 유혹의 빛깔. 빛깔들이 주제이다.

「나일강의 비애(출연 주연희)」는 메소포타미아의 궁전, 아름

「마리화나」
중에서

다움과 환락의 나래가 풍요의 빛으로 물들고, 사람들은 누구나 행복을 이야기 하고, 노래 부르고, 이집트 여왕 역시 숙명처럼 사랑을 주제로 삼았다.

2부 「백두기둥」은 제1회 전국무용제 최우수상(대통령상), 안무상, 연기상을 수상하여 널리 알려진 작품이다.

「백두기둥」은 한반도여, 영원한 존재여, 둥둥둥 동방의 빛, 한반도여, 소용돌이, 하나의 온전함, 한겨레 분단의 넋이여 등 4막으로 꾸몄다.

출연자는 주연희, 안정준, 조홍자, 이연경, 최영미, 박정순, 김영희, 김순정, 이지희, 조영순, 강은주, 엄지영, 최병길, 김연주, 이수진 등 제자들과 함께 어우러져 꾸민 무대였다.

스텝으로는 안무 주연희, 대본 권승하, 작곡 이상만, 의상 운관, 조명 구용복, 무대 전용범, 음향 이진호 제씨들이다.

한국예총대구지회 문곤 지부장은 "대구에서 평생을 향토 무용 발전을 위해 헌신한 주연희 선생님의 명무 40년을 맞는 뜻 깊은 무대가 펼쳐짐을 진심으로 축하 드립니다. 40년 성상(星霜)동안 오직 외길 무용이란 순수무대 예술을 지켜오고 가꾸어 주신 주연희 선생님의 삶 속에서 향토예술이 아름답게 싹이 피어나고 열매 맺게 됨을 더 없는 기쁨으로 생각합니다. 예술이란 고독한 자아(自我)와의 싸움입니다. 진정한 예술인의 혼을 발휘하기 위해 내딛는 한걸음 한걸음에서 받는 고통이 배가 될수록 예술의 깊이는 더욱 깊어집니다. 그만큼 인고의 세월을 감내한 주연희 선생님의 예술에 대한 열정은 남보다 더 강렬하다고 하겠습니다."라고 격려하였다.

「백두기둥」 주연희와 일본무용가 이즈미 가쯔시의 2인무

대구국제무용페스티벌을 열고

  1997년 4월 5일~6일 이틀간 '97 대구국제무용페스티벌'이 대구문화예술회관에서 열렸다. 대구에서 처음으로 열린 대구국제무용페스티벌에는 벨기에, 프랑스, 미국, 일본, 중국, 덴마크, 한국 등 7개국 20여 명의 무용인이 모여 특색있는 현대무용 10개 작품을 한 자리에 선보였다. 특히 참가단체 모두 자신이 안무한 작품을 무대에 올려 이채로웠다.

  문희갑 대구광역시 시장은 축하의 말씀에서 "예로부터 무용은 몸짓언어를 통해 창출되는 영원한 미의 표현으로, 미래의 표현양식예술과 인류의 미적 발전에 크게 이바지 하며 발전되어 왔다고 생각합니다. 이번에 우리 대구에서 처음으로 열리는 '97 대구국제무용페스티벌은 일찌기 우리 대구를 중심으로 발전해온 무용예술의 면모를 새삼 확인하여 주었을 뿐만아니라 무용을 통해 각국의 수준 높은 예술의 참모습과 독창성을 음미하고 느낄 수 있는 기회가 되리라 믿습니다. 특히 세계화, 지방화 시대를 맞이해 미래를 향한 변화와 개혁의 물결이 거센 파고를 일으키고 있는 상황에 지역무용인들이 앞장서서 변혁에 대한 시대적 조류에 슬기롭게 대처해 나가고 있음은 자랑스러운 일이 아닐 수 없습니다.

아무쪼록 이번에 우리 대구에서 첫 장을 열게된 '97 대구국제무용페스티벌이 세계무용인들의 화합의 장이 되게함은 물론 세계가 하나임을 우리 모두에게 일깨워주는 계기가 되도록 힘써주시길 당부 드립니다."라고 하였다.

■4월 5일~6일

벨기에의 아나마릴 반 데르 푸즘(Annamiri van der Pluijm)은 「Solo M」, 「Solo P」를 무대에 올렸다.

「Solo M」은 고뇌와 슬픔으로 점철된 한 여인의 정열적인 영혼과 육체의 구속을 그린 작품으로 홀로 안무하고 공연하는 '솔로'가 자신의 속에 있다는 확신과 마사 그라함의 연구와 영향으로 작품을 구성. 자신의 이미지와 마사 그라함의 시각과 스타일을 같은 이미지로 보고 있다.

「Solo P」는 1995년 칼프스툭댄스 페스티벌에서 초연된 작품으로 헨리푸르셀의 음악에서 영감을 받아 만든 고전적인 작품. 이 작품은 밝은 분위기로 꾸밈없이 묘사하고 있는 현대와 고전을 조화로움을 느끼게 만들고 있다.

미국의 하이디 헨더슨(Heidi Henderson)이 「베티」, 「와일더

벨기에 아나마닐 반 데르프루즘의 「Solo M」
프랑스 마리아 도나타 두루소의 「그늘」

일본 오리다 가즈꼬의 「길을 걷다」

아더스」를 무대에 올렸다.

「베티」는 슬픈 감정을 극도로 억제, 해소 등을 통해 나타나 변화를 춤으로 꾸민 독무, 50명의 여성 출연자가 작품에 머물지만 모두들 바다로 사라져 보이지 않는다.

「와일더 아더스」는 사랑의 변화하는 느낌을 그린 독무, 음악은 브람스.

■4월 5일

프랑스의 마리아 도나타 두루소(Maria Donata D′urso)의 「그늘」을 무대에 선보였다. 「그늘」은 물체에 의해 땅 위나 다른 공간에 나타나는 것. 그늘은 빛과 어둠 사이 육체나 그림자의 반대편에 존재하면서 흔적이 점차 사라지면서 또다른 모습으로 진행하여 간다.

김현옥의 「경계에서」를 무대에 올렸다.

「경계에서」는 윤이상 작곡의 바이올린 독주곡으로 동명의 안무작품이다. 네델란드 암스테르담 아이스브레케극장에서 열린 「윤이상의 초상」에서 초연, 작품은 두 부분으로 나누어졌는데 한 인간에 주어진 현실적 고통, 좌절, 슬픔 등의 운명과 그 운명을 예술적 승화로 극복하는 부분으로 서로 대조를 이루고 있다. 인간적인 것을 다룬 작품으로 은유적이고 자서적인 경향이

덴마크 키티 존슨의 「EPI PHA NIC」

짙다.

안무·출연 김현옥, 음악 윤이상, 조명 김성철, 김민제, 이주환, 무대 장치 김현옥

일본의 오리다 가즈꼬(Katsuko Orita)의 「길을 걷다(道行き)」를 무대에 올렸다.

「길을 걷다」는 사람들의 흔적이 사라진 후 다가오는 침묵, 고요함으로 감싼 주위에서 어렴풋이 일어서는 봄, 나그네의 흰그림자, 들릴듯 말듯 입가에서는 잔잔한 음악이 흘러나오는데……「길을 걷다」는 일본의 독특한 예술인 '間'을 오리다 가쯔꼬가 새롭게 만들었다.

■4월 6일

중국 상하이 동방청춘무용단의 이인무 「북풍취(北風吹)」, 독무 「몽고인」, 독무 「잔춘(殘春)」, 이인무 「여정(旅程)」, 독무 「소복소(小卜少)」, 이인무 「목가(牧歌)」를 무대에 올렸다.

덴마크의 키티 존슨(Kitt Johnson)의 「EPI PHA NIC」를 무대에 올렸다.

「EPI PHA NIC」은 1995년 페루 나바호 암파토 정상의 얼음을 뚫고 검게 그을린 피부를 깃털로 감싼 500세의 어린아이

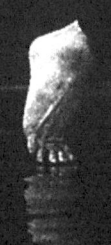

주연희의 「마리화나」

에 의해 영감을 받았다. 지구의 시간과 공간이 냉동된 지금은 지구의 유동성과 힘, 모든 요소들이 무한한 미를 상징하고 있다. EPI PHA NIC은 평범한 몸짓과 경험을 토대로 만든 작품이다. 정신 속으로 이어지는 빛과 온갖 소리들이 몸짓을 통해 전달되어지며, 시간을 통해 육체와 공간을 소유하고 있다.

주연희의 「하늘, 구름, 바람, 물… 자욱들」을 무대에 올렸다. 「하늘, 구름, 바람, 물… 자욱들」은 한국여인들의 전형적인 인생을 그린 작품이다. 태어나서 생을 마감하기까지의 인생 여정 속에 나타나는 세상의 모든 인욕, 희생, 사랑 등을 자연에 비유, 세상의 모든 것을 포용하며 초연하게 마감하고 다시 돌아가는 자연의 순리 같이, 여인의 일생으로 그리고 있다.
안무 및 출연 주연희, 음악 이상만, 조명 구용복, 무대장치 배승호가 맡았다.

나는 인사말에서 "'97 대구국제무용페스티벌은 대구무용사에 중요한 자료가 될 수 있음은 고귀한 예술가의 정확하고 분명한 역사인식의 안목이 갖출 수 있을 때만이 가능하다고 봅니다. 현대무용의 뿌리가 유난히 깊은 대구무용사를 뒤돌아보면 많은 인고의 세월을 희생으로 견디며 지낸 선구자들이 있었음이 새삼 숙연해집니다. 특히 현대무용의 개척자이신 고 김상규 선생님의 원대한 뜻이 오늘 이 행사를 통해 다소 이루어진 점이 더욱 뜻이 깊다고 사료됩니다. 오늘의 이 '97 대구국제무용페스티벌이 대구무용사에 중요한 자료가 될 수 있음은 고귀한 예술가의 정확하고 분명한 역사인식의 안목이 갖출 수 있을 때만이 가능하다고 봅니다."라고 소회를 밝혔다.

'97 대구국제무용페스티벌은 대구 예술의 위상과 대구의 문화도시임을 세계에 알리는 선구적인 역할을 감당하였다고 생각한다.

대구무용제, 국제무용제는 서울무용제에 버금가는 무용제로 발전되었다. 2025년 현재 35회 대구무용제와 28회의 국제무용제는 지역의 행사를 넘어서 당당하게 한국무용의 현주소를 대변하는 무용제로 자리매김하고 있다.

대구지역에서 두 무용제를 개설한 것은 내 생애에서 크나큰 기쁨이며 영광이 아닐 수 없다.

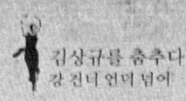
김상규를 춤추다
강 건너 언덕 넘어

"강 건너 언덕 넘어 행복스러운 나라가 있다고 한다.
나도 가련다... 그 나라에, 명상에 잠긴 젊은이의 동경과 희망을 그렸다!"
- 1949년 제 1회 김상규 무용발표회 안무작 '명상' 中 -

"춤은 항상 사람을 살리는 것이어야 하고
사람을 위한 것이어야 한다."
- 살아생전 김상규 어록 中 -

김상규를 춤추다

박현옥 교수

대구컨템포러리무용단에서 주최한 2019년 3월 20일 7시 30분 「강 건너 언덕 넘어 김상규를 춤추다」 공연이 아양아트센터 아양홀에서 열렸다.

대구가톨릭대학교 무용학과 교수인 박현옥 단장이 예술감독과 안무를 맡았다. 대구컨템포러리무용단은 1994년 11월에 창단 이후 지역은 물론 전국적인 무용제와 해외 공연을 통해 발군의 실력을 펼치며 우리나라 무용계에 확고한 자리매김을 하였다.

2019년 대구근현대문화예술인에 선정된 김상규 선생을 기념하여 치러진 공연은 대구문화재단, 대구광역시, 문화체육관광부, 대구가톨릭대학교, 세계안무축제 조직위원회에서 후원하였다.

박현옥 예술감독의 모시는 글을 다시 읽어보면,

"춤은 원래대로 자연스럽게 하는 거다. 어깨를 툭 내려라.

춤은 마음에서 춰야하고 그래서 춤추는 사람은 마음부터 올발라야 한다."

멋모르고 무용학원을 다니던 어린 시절에 머리카락이 희끗한 김상규 선생님께서 가끔씩 들려주신 말이 떠오릅니다. 루소의 자연주의 사상과 불교의 동양사상을 작품에 고취시켰던 현대무용가 김상규 선생님의 서거 30주년을 맞이 하였습니다.

모더니즘 예술이 서양에서 일본으로 유래되고 있을 때 김상규 선생님은 최승희, 조택원의 뒤를 이어 일본 현대무용의 아버지라 할 수 있는 이시이 바꾸의 제자가 되고, 한국 최초의 남성 현대무용가 되어 일본에서 대구로 돌아오게 되며, 그 후 약 50년 동안 대구와 경북에서 한국 현대무용의 정신을 심게 되었습니다. 1946년 지역 대구에 신무용연구소를 설립하고, 1949년 제1회 김상규 신무용 발표회를 시작으로 13회의 개인공연을 개최하기까지 최원경, 이빈화, 박덕남, 이화심, 박수향, 권미자, 장성자, 주연희 선생님, 그리고 최희선, 백եր욱 선생님, 이숙재 선생님, 춤을 물려받은 제자이자 혈육인 김소라 선생님 등으로 이어지며 현대무용의 정신을 고취시키고 한국 현대무용의 선구자로서 그 길을 굳건히 걸어 오셨습니다.

"강 건너 언덕 넘어 행복스러운 나라가 있다고 한다. 나도 가련다 그 나라에!"라는 1949년 첫 무용발표회의 명상(冥想)에 담겨 있는 선생님의 정신을 모티브로 주연희 무용연구소에서의 어린시절의 기억될 수 있는 몇 작품을 재해석하여 준비하게 되었으며, 격려와 증언을 주신 주연희 선생님, 이숙재 선생님을 비롯하여 김기전 선생님께 감사의 말씀을 드립니다.

'춤' 때문에 애달픈 삶을 산 한국의 현대무용가 故 김상규 선생님, 故 최원경 선생님, 故 김소라 선생님, 그리고 주연희 선생님께 이 춤을 헌정하며, 오늘도 춤을 추고 있는 꽃과 같은 나의 제자들에게도 축복이 함께하길 기도합니다.

「강 건너 언덕 넘어 김상규를 춤추다」의 프롤로그 1장 「초상」, 2장 「월야 : 달 밝은 밤에 내 무엇을 하리이까?」, 3장 「간다라의 벽화 이야기」, 4장 「회귀를 기억하며」 등으로 프로그램을 꾸몄으며 전석 초대석으로 김상규 선생의 무용을 재현하는 무대를 시민들이 누구나 즐길 수 있도록 배려하였다.

1장 「초상」

1장은 역사 속의 김상규를 드러내고 김상규를 기억해내는 장이다. "춤은 춤을 만드는 안무자의 예술철학에 입각하여 재해석하고 재구성해야 비로소 진정한 무용예술이 된다"고 말한 김상규의 정신을 이 길을 걷는 후진들의 춤으로 풀어본다. 한 시대의 예술가는 당대의 새로운 예술을 창출해내고 그 예술은 후대에 이어져 또 다른 예술작품을 탄생시킨다.

출연 : 최동현, 허성희, 서정빈, 전하연, 정성준, 서정주, 권정은, 백찬양, 남희경, 김세인, 최효빈, 조동혁

2장 「월야 : 달 밝은 밤에 내 무엇을 하리이까?」

한국 최초의 남성 현대무용가 김상규. 그 시대 예술을 백안시

하는 사회분위기 속에서 그는 과감히 남성 무용가의 길을 걸었다. 1953년 「월야」 작품 속에서 솔로로 춤춘 김상규를 상상해 본다. 김상규의 예술적 외로움과 고뇌, 늦은 밤이면 작품을 위한 창조적 정신을 가다듬어야 했을 고통… 그 시대의 김상규 내면과 정신을 현대적 감각으로 재해석한다.

출연 : 정진우, 최동현

3장 「간다라의 벽화 이야기」

불교를 소재로한 김상규의 작품으로 1964년 「아잔타의 꿈」, 1976년 「간다라의 벽화」를 모티브로 불교의 정신적 근원을 탐색하려 했던 김상규의 안무적 사상을 인도의 이미지와 인도인의 내면 정서를 형상화하여 재해석한다. 김상규의 불교적 관념의 예술적 승화 작업에 있어 끌어오는 창작적 정신을 벽화속의 나의 성찰로 풀어낸다.

출연 : 김선영, 양은주, 전지은, 정지혜, 김정하, 권도연, 이주영, 도지원, 현상아, 서정빈

4장 「회귀를 기억하며」

1979년 제1회 대한민국무용제에서 우수상을 수상한 「회귀」 작품은 원작/안무 김상규, 조연출 주연희, 출연은 오공주, 문창희, 박현옥 외 12명이 무용수로 참여한 작품이다. 이 작품에서

김상규는 그 시대에 사회적 현상을 인간이 영향을 받는 관계라 보고 인간의 행동과 태도를 불교의 윤회사상을 바탕으로 해석하여 안무적 정신과 몸이 지닌 감정의 언어를 정적이면서도 현대적인 움직임을 통해 재조명하였다. 김상규가 추구했던 휴머니즘의 정신인 '인간의 본질과 가치' 그리고 '자연주의 사상'을 현대감각에 순화하여 춤의 언어에서 찾는다.

「강 건너 언덕 넘어 김상규를 춤추다」의 출연진은 권승원, 권준철, 남승진, 최동현, 한희승, 도지원, 허성희, 서정빈, 전하연, 서동영, 송영우, 정성준, 서정주, 강리예섬, 권정은, 김화영, 백찬양, 남희경, 박시우, 백선화, 안혜정, 추예빈, 김세인, 김소리, 박나현, 김다은, 박에스더, 백설화, 최효빈, 양채원, 조동혁 등이다.

스텝진은 예술감독·안무 박현옥, 무대미술 디자인 김종석, 작·편곡 김재덕, 연출감독 정진우, 조명감독 권연길, 무대감독 박수열, 기획감독 김정하, 기획 이주영, 김소라, 의상 아라베스크, 영상 이봉형, 사진 이재봉, 홍보·진행 김하영, 프로그램 디자인 (주)지교-디자인슐 등이 수고하였다.

모든 걸 포기하고 있는 나에게 기적 같은 일이 일어났다. 그것은 기파 선생님의 예술혼과 업적을 기리어 2019년 대구근현대문화예술인에 선정하여 역사의 인물로 높이 세워준 일이다.

거기다 추모 공연을 기획한 박현옥 교수님과 대구문화재단, 대구광역시, 문화체육관광부, 대구가톨릭대학교, 세계안무축제 조직위원회에서 두루 후원하였다. 추모공연을 위해 앞장 선 여러분들의 노고와 대구시민들에게 무한한 감사의 말씀을 올린다.

4부

춤은 나의 운명

LA행 비행기를 타다

　나는 어머니를 따라 불교에 입문하였다. 선생님도 불자여서 시간이 나는대로 유명 사찰을 찾아다니며 종교 생활을 하였다. 선생님이 떠나고 난 빈 자리를 시간이 나는대로 절에 가 살다시피하였다.

　나는 겉으로는 강하게 보이지만 속으로는 언제나 눈물로 지냈다해도 과언이 아니다. 나의 이런 약함을 너무나 잘아는 사람이 파동 선주사 스님이었다. 선주사에서 날마다 기도회, 달마다 행사, 불교경전을 만든다고 하여 수백만원씩 거금을 시주돈으로 야금야금 돈을 뺏어갔다. 그런 사실을 미처 깨닫지 못한 것은 오로지 나의 불찰이었다.

　나는 무용학원에서 렛슨비와 대학 입시에 들어온 돈, 그 많은 돈을 은행에 입금하지 않고 절에 다 바치다시피 종교생활을 하면서도 깨닫지 못한 어리석은 사람이었다. 나는 그만큼 돈 개념이 없었다. 나중에는 이층 절을 신축한다고 집까지 은행에 저당잡혀 절에다 갖다 바쳤다. 그 일을 어떻게 내가 감당할 수 있었겠나. 정신이 나간 사람이 아니고서야 어떻게 그런 일을 당하였겠나. 뜨거운 물에 개구리가 서서히 삶기듯 나는 미처 깨닫지 못한채 파산 직전으로 몰렸다.

 무용만이 나의 전부라고 알고 살았으니 그만큼 세상물정에 어두웠던 것이다. 당시 만연한 입시부정에 나도 휘말려서 학부형에게 돌려줄 돈을 절에다 갖다주었다. 거기다 무용협회 지부장 임기가 끝날 무렵이라 제자가 나에게 무용협회를 내어놓으라고 압박하였다.

 나는 궁지에 몰려 견딜 수 없는 상황이라 '가야 할 길은 죽음밖에 없구나'라고 생각하며 절에 가 기도하고 염불을 외우는데 내 입에서 "주여. 주여, 주여!"하는 소리가 세 번이나 터져나왔다. 내가 왜 이러나. 또 염불을 외우는데 "주여!"하는 소리가 저절로 입에서 나왔다. 참으로 이상한 일도 다 있다고 생각하였다. 정말 내가 선생님의 그 뜻, 그 청렴결백하신 교훈을 받고 살아오면서 왜 이런 일을 당하고 있는 것일까?

 잠언 8:23~31에 "만세전부터, 상고부터, 땅이 생기기 전부터 내가 세움을 입었나니"라고 하나님께서 나를 자녀로 삼았는데 미처 깨닫지 못한 내가 다른 고난의 길로 간 것을 구원하기 위한 시험이었다고 생각하였다.

 나는 선주사로 스님을 찾아갔다.

"보살님, 외국에 갔다가 오면 어떨까요?"

"내가 왜 외국에, 아무도 없는데……."

"보살님, 외국 갔다 나중에 다시 오면 되니까 그렇게 해요."

"지금 내 손에는 돈 한 푼도 없는데……."라고 내가 반문하였다.

"아참, 무용연구소도 절의 보살님 앞으로 공증을 하세요. 그러면서 나중에 돌아오면 다 드릴 테니……."라고 하였다.

나는 군말없이 무용연구소를 스님에게 공증해 주었다.

얼마 뒤 나는 미국으로 간다고 파동 절로 갔다. 인사를 하고 돈을 받으려고 기다리니 스님은 50만원을 주면서 "잘 가라."고 한다. 정말 황당하고 어이가 없어 내가 가만 앉아 있으니 "빨리 가라. 앞으로 전화도 하지 말고 남에게 말도 하지 마라. 그리고 자기와 나와의 관계를 아무도 모르게 가서 있어라."고 매정하게 잘라 말하였다.

파동 절에 나의 짐과 옷가지, 살림살이 모든 것을 맡겨 두었다. 또한 중요한 선생님 사진과 프로그램은 무용학원에 그대로 두고, 친정과 선생님 누님 조카들에게 말 한마디 못하고 1998년 7월 26일 마일리지로 대한항공에 예약하고 미국행 비행기에 몸을 실었다.

250만원을 들고 LA행 비행기를 탔다. 내 정신이 아닌 육신을 신고 왜 하염없이 눈물이 흐리며 몸이 탈진되어 LA에 살고 있는 배덕희 제자 집에 도착하였다. 앞으로 살아갈 날이 캄캄하고 막막하기만 하였다. 어떻게 살아갈까? 어쩌다 내 인생이 이렇게 되었을까? 밤새도록 잠을 이룰 수가 없어 뜬눈으로 지새웠다.

　수억 만리 외로운 땅에서 한 많고 죄 많은 인생 여정이 시작되었다. 친정집 식구들과 서울에 사는 선생님 누님과 조카들에게 말 한 마디 못하고 떠나온 이곳 LA의 생활은 그야말로 사막의 유목민 생활이나 다를바 없었다.
　파동 절로 도와 달라고 긴긴 사연의 편지를 보냈으나 그 스님은 아예 연락마저 두절하였고 끝내 묵묵부답이었다.
　미국의 낯선 이국땅에 왔으니 이 일을 어찌할꼬? 누가 나를 반기며 도와줄 것인가? 이 죄업을 어찌 다 감당할 수 있을까? 아니다. 언젠가 다시 한국으로 되돌아가 죄값을 치르겠다고 속으로 다짐하였다.

춤은 나의 운명이로다

한국을 떠나온지 10년, 이국에서 산전수전 죽을 고비를 다 넘기고 모질게 살아온 10년, 아무리 힘들고 고달프도 나에게는 무용이라는 예술이 있다.

쉼없이 공연하고 발표하면서 생계를 위하여서는 생활무용으로 운영하며 살아가도록 나를 받아준 이 땅 미국에게 감사하며 날마다 기도로 지난 날의 죄를 사함받고 하나님께 새 생명 받은 기쁨으로 살고 있는 나날이 감사할 뿐이다.

미국은 정말 천사의 도시, 하나님의 창조하심을 바로 실감케 하시는 아름답고 평화의 나라이다. 어찌해서 죄로 인하여 죽어질 목숨을 이땅에서 살게 하시는지 지금까지 살아온 나의 삶이 꿈속에서 살아온 꿈이 아닌 현실임을 감사하며 살아가고 있다.

나는 춤이 좋아서 50년을 하루같이 춤을 추었다. 선생님이 떠난 빈자리에 춤이 채워 주었다. 춤은 나의 인생, 나의 남편, 나의 자식으로 생각하고 살아오면서 현대무용가의 고된 길을 묵묵히 걸어왔다. 뼈를 깎는 고난과 인고의 가시밭길을 걸어왔다. 지나온 날들을 뒤돌아보니 그래도 고통과 아픔보다는 아름다운 추억들이 가득하였다. 그렇게 가슴에 남아있는 춤 사랑, 잊지 못할 무용인생 50년의 결산을 이국만리 로스엔젤레스에서 펼치게 되었다.

'주연희 무용 외길 50년 기념공연'이 2008년 6월 7일 저녁 6시 30분에 윌셔 이벨극장에서 열렸다. 이번 주연희 무용 50주년 기념 공연은 동시에 노숙자 쉘터 건립기금 마련을 위한 공연이었다.

미주한국일보 2008년 6월 28일자 22면에 정숙희 기자는 "이벨극장 무대를 맨발로 종횡무진 뛰고 돌며 춤추는 저 여인이 과연 나이 70의 할머니가 맞는 것일까, 내내 경이와 감동으로 눈길을 떼지 못했던 공연이었다. 관객들도 여기저기서 수군댔다. "환갑이 넘었다며?", "환갑이 뭐야, 칠순이래", "군살 하나 없는 저 몸매 좀 봐", "정말 대단하다"는 말밖에는 달리 표현이 안 되는 공연이었다. 그러니까 50년을 매일 춤을 추면 그렇게 될 수 있는 것인지, 그런데 50년을 매일 춤을 춘다는 것이 가능한 일인지, 실제로 그런 사람이 주연희 교수 외에 또 있기나 한지 여러 가지가 놀랍고 또 특별한 무대였다.

주 교수는 공연 바로 전까지도 전혀 긴장한 모습이 아니었다. 50주년 공연이면 많이 신경 쓰일 만도 한데, 그녀는 "늘 추던 대로 추는 것"이라며 평소와 전혀 다르지 않은 모습이었다. 아마도 50년 한 우물을 파고 외길을 걷는다는 의미는 이제 어떤 것도 특별할 것이 없는, 오늘과 내일이 한결같고 평온한 것인지도 모른다.

영원한 무용가 주연희는 2시간 동안 계속된 이날 공연에서 독무 5개 포함해 7개 작품을 소화하며 무대를 휘어잡았다.

「안개」, 「꿈의 아잔타」, 「낙화」, 「마리화」, 「나같은 죄인 살리신」 모두 스토리가 있는 작품들이라 감성적이고 생명력이 넘치는 공연이었다.

마약의 위험성을 온 몸으로 고발한 작품 「마리화나」에서는 무대에서 내려와 관객들에게 꽃을 던지는 상징적 행위와 함께 불꽃같은 춤을 추었고, 장사익의 노래에 맞춘 「낙화」에서는 한국 전통무용의 사위가 가미된 율동과 리듬으로 한이 서린 춤을 추었다.

춤추는 그녀의 손과 발, 팔과 다리, 어깨, 가슴, 등, 배는 단단한 근육으로 아름다운 선을 이루었다. 관절 마디마디가 움직이며 보여주는 몸짓은 자유롭고 우아하며 서정이 넘쳐흘렀다."는 기사를 실었다.

이번 50주년 기념공연을 위해 나는 고마운 여러분들에게 감사의 인사를 올렸다.

현대무용의 본 고장인 이곳 LA에서 현대무용 공연을 기획하기란 여

주연희 50주년 기념공연 팜플렛

일본 무용가 이즈미 가쯔시 이인무

간 힘든 일이 아닙니다. 그러나 이번 공연을 통해 한 시대의 무용의 흐름과 예술세계, 그리고 끊임없이 발전되어온 현대무용의 역사를 보여드릴 수 있으리라 자신합니다. 또한 2세 무용학도들에게도 작으나마 도움과 교육적인 자료가 될 것으로 기대합니다.

현대무용가로서 저는 한국의 위대한 무용가 최승희, 조택원, 김상규 선생님의 맥을 이어왔다고 자부합니다. 이 분들은 1920년대 일본 최고의 무용가 이시이 바꾸 문하에서 사사했을 뿐 아니라 일제의 압박 속에서도 춤을 추었고, 6.25의 참혹한 비극과 폐허 속에서도 굽히지 않으며 한국에 무용의 씨를 뿌린 선구자들입니다.

특히 김상규 선생님은 고향인 대구에서 현대무용을 개척하신 저의 스승이시며 오늘 제가 발표하는 춤의 사위라든지 무대의 구성과 안무법은 그때 선생님께서 전수해주신 이시이 바꾸의 기법이 많이 이용된 것입니다. 스승님의 혼을 이어온 저에게는 소중한 작품들이기에 최선을 다해 추어 보이겠습니다.

50년의 세월이 쌓인 저의 춤을 미주한인 동포 여러분 앞에서 발표하게 된 것을 무한한 기쁨으로 생각합니다. 아직도 건강하게 춤을 출 수 있음을 하나님께 감사드리며, 함께 출연하는 제자들과 축하 작품에 응해준 여러분께도 감사를 드립니다.

또한 이 공연을 주최해주신 California Trinity University 총장님과 적극적으로 지원해주신 각 기관 단체와 단체장님, 멀리 켄터키의 박현우 전미주 한인회 사무총장님 김광일 회장님께 진심으로 감사를 드리며 아울러 저희 회원들과 후원해주신 미주한국일보와 협찬해주신 세계선교회에 깊이 감사드립니다.

주연희 50주년 기념공연에 남문기 한인회 회장님, 김종율

LA 한국문화원장님, 캘리포니아 트리니티대학 총장 최케빈 박사님, 재미 경제인협회 그레이스 한 회장님 등 많은 분들의 분에 넘치는 성원과 축하를 해주셨다.

남문기 회장님은 "오늘 현대 무용가 주연희 선생님 외길 인생 50주년 기념공연을 가지게 됨을 로스앤젤레스 한인동포를 대표하여 진심으로 축하를 드립니다. 현대무용가이신 주연희 선생님은 한평생을 무용과 함께 하신 분으로 노숙자 쉘터 기금마련을 위해 특별히 50주년 기념공연을 해주셔서 매우 기쁘게 생각합니다.

이번 공연을 통해 삶이 힘든 많은 노숙자들에게 희망을 줄 수 있어 매우 자랑스럽게 생각하며 많은 동포들의 뜨거운 관심속에 성황리에 개최되길 희망합니다.

금번 공연은 세계선교교회 조병국 목사님의 후원으로 이루어져 더욱 뜻깊게 생각하며 본 행사에 큰 수고를 해주신 모든 행사관계자의 노고를 치하드리며 이번 공연으로 노숙자 쉘터 건립에 하나님의 큰 축복이 함께 하길 기원드립니다."라고 축하해 주셨다.

또한 켈리포니아 트리니티대학 최케빈 총장님은 "한국 무용계의 큰 나무 주연희님의 50주년 기념공연에 즈음하여 진심으로 축하의 말씀을 드립니다. 한 평생 무용이란 외길을 고집한

많은 날들…… 그녀의 수많은 화려한 수상 경력이 대신 이야기하고 있습니다. 특히 대통령상을 수상할 때 그 순간의 감회가 무척 컸으리라 생각됩니다.

 그러나 이보다도 반세기 동안 땀과 정성으로 길러낸 많은 문하생들이야 말로 주연희님의 평생의 열매요 보배라고 생각합니다. 이 아름답고 귀한 열매를 대신할 그 무엇은 세상 어디에도 없다고 생각합니다. 특히 이번 리싸이틀은 그 수익금이 모두 노숙자 목회를 위해 헌금으로 드려질 것이라는 이야기를 듣고 더욱 마음이 뿌듯했습니다. 그리고 하나님에게 감사했습니다.

 주연희님은 지난 5월 22일부로 우리 캘리포니아 트리니티대학(California Trinity University) 무용대학에 학장님으로 취임하셨습니다. 주연희님을 우리 대학에서 모시게 된 것은 대학의 큰 경사라고 생각합니다. 이제 그의 여생이 우리 대학에서 원숙한 열매를 맺어 여러 사람들이 그로 인해 많은 혜택을 받게되는 것이 우리의 바람입니다."라고 따스한 축하를 해주셨다.

 50주년 기념공연 무용과 성악, 비디오 영상 등 다양한 프로그램으로 관객들이 다채롭게 즐길 수 있도록 구성하였다.
 함께 호흡을 맞춘 유니 모던댄스 스튜디오 댄서들(크리스틴 리, 조이스 최, 줄리 홍, 제니트카치)도 수준 높은 공연을 펼쳐 보였다. 공연 사이사이에 1987년과 1992년의 대한민국 무용제 안무상 수상작품들, 전국무용제 대통령상 수상작품 「백두대간」 등 지난 활동들을 비디오 영상으로 소개되었다.

  이국 만리 미국에서의 주연회 50주년 기념공연은 나에게 크나큰 영광이었고 감격스러울 뿐이었다.

60주년 팜플렛

무용 외길 60주년 기념공연

주연희 무용 외길 60주년 기념공연이 2018년 10월 18일 저녁 7시에 윌셔 이벨극장에서 열렸다. 한 생을 다 바쳐 온 춤은 나의 생명이고, 인생이며 운명이었다고 말하고 싶다.

60주년 기념 초대 인사말은 다음과 같다.

춤과 함께 살아온 60년은 길고도 험난한 가시밭길이었지만, 뒤돌아보니 그 길은 아름다운 추억이었고, 무엇과도 바꿀 수 없는 훈장이었음을 고백합니다.

1957년 대구의 시골처녀가 한국 현대무용의 거목인 김상규 교수님을 찾아 갔습니다. 무턱대고 춤을 추고 싶다고 했던 그 순간부터 오늘에 이르기까지 말할 수 없는 인고의 시간들을 걸어왔습니다. 누가 하라는 것도 아니요, 봐주는 사람이 없어도 제가 좋아하는 길이었기에 오늘 이 자리까지 오게 되었습니다.

그렇게 흘러온 춤 인생 60년, 60년 외길이란 어찌어찌 시나브로 지나온 세월이 아니었습니다. 그 인고의 날들을 이제는 기념하고 자축해도 좋으리라 생각하며 마지막 공연을 준비했습니다. 전 세계 현대무용사에서 최고령자의 공연일 거라고 생각됩니다. 또한 주연희 개인의 공연이 아니라 한국 현대무용의 역사를 새로 쓰는 귀한 공연이라고 감히 말씀드려 봅니다. 이제껏 누구도 해본 적이 없는 '현대무용의 환갑잔치', 누구도 가 본 적이 없는 길을 마지막까지 걸어가겠습니다.

LA한국문화원 김낙중 원장님은 "현대무용가 주연희 선생님의 무용기념공연 개최를 진심으로 축하드립니다. 1950년대부터 2018년 현재까지 평생 춤을 추어온 주연희 선생님은 이번 공연에서 「대북 타악」, 「나를 세우소서」, 「찔레꽃에 담은 기도」, 남자 무용수와의 듀오공연 「아틀리에 스냅」 등 직접 안무·출연하는 창작독무 5편을 60년 무용인생의 작품으로 모아 무대에 올린다고 하니 더욱 기대가 큽니다. 또한 이번 공연을 위해 멀리 한국과 캐나다 등에서 오신 장유경 무용단, 성해유 선생님께 감사의 말씀을 드리며, 이곳 미국 땅에서 육체적, 문화적, 환경적 한계를 뛰어넘어 60년을 하루같이 춤을 추어오신 주연희 선생님의 열정이 오늘 이 자리에서 불꽃처럼 빛나길 바랍니다." 라고 축하해 주셨다.

　또한 LA 에릭 가세티 시장님은 "친애하는 여러분, 로스앤젤레스 시를 대표하여 주연희씨의 '춤인생 60주년 공연'을 축하하게 된 것을 영광으로 생각합니다. 1957년 주연희씨는 한국인의 무용 정신을 전 세계에 널리 지속적으로 알리기 위한 여정을 시작했습니다. 그때 이후 춤은 그녀의 인생이 되었고, 80세에 이른 지금도 주연희의 예술에 대한 헌신은 우리 모두에게 크나큰 영감이 되고 있습니다. 오래도록 기억에 남을 이 공연을 위해 행운을 빌며 앞으로도 많은 성공이 이어지기를 기원합니다."라고 축하해 주셨다.

60주년 기념공연은 프로그램은 아홉 파트로 꾸몄다.

- 「대북 타악」—주연희
- 「다들 그렇게 살아요」—최재호(장유경 무용단)
- 「나를 세우소서」—주연희
  김현태, 김정미, 서상재(장유경 무용단)
- 「애수」—성해유
- 「마리화나」—주연희
- 「부채춤 : 바흐」—김현태, 김정미, 서상재(장유경 무용단)
- 「찔레꽃에 담은 기도」—주연희
- 「푸너리」—편봉화, 임차영, 김현태, 이영재, 김정미, 서상재, 강정환, 최재호(장유경 무용단)
- 「아틀리에 스냅」—주연희, 레이델 카세레스

60주년 기념공연에는 장유경 무용단이 특별출연하였다. 계명대학교 장유경 교수는 1993년 대구무용제 대상, 1994년 서울무용제 연기상, 2010년 대한민국무용대상 솔로 & 듀엣 우수상, 한국춤 평론가회의 춤 평론가상 특별상, 2012년 제20회 한국무용예술상 등 화려한 수상 경력을 갖고 있다.

찬조 출연한 성해유 무용원 대표는 1987년 한국현대무용협회 신인으로 데뷔, 1988년 88올림픽 식후 행사 「젊음의 열기」

(제1 무용수)로 출연, 1995년 Vaganova method 지도자 과정을 수료하였다.

주미한국일보 2018년 10월 1일자 기사를 옮겨보자.

"'대장간의 쇠가 달은 것 같은 춤을 춘다'는 평을 들은 적이 있습니다. 대한민국 무용제의 상을 휩쓸던 시절, 한 평론가가 쓴 표현입니다. 그렇게 달아오른 춤의 불씨가 80 인생의 끝자락에도 고스란히 남아있나 봅니다. 꺼지지 않는 불씨를 다시 태워보고픈 열망이 춤 인생 60주년 공연을 열게 했습니다"

주연희 무용 외길 60주년 기념공연을 앞두고 그가 보내온 초청장 인사말이 뜻 깊은 무대를 더욱더 기대하게 만든다. 그에게 춤은 생명이자 인생이며 운명이었다. 1957년 봄 주연희씨는 대구에서 현대무용을 배우고 싶다는 일념으로 고 김상규 선생의 문하생으로 들어갔다. 그때부터 한국 현대무용의 개척자였던 스승의 예술혼과 정신을 온몸으로 구현하는 수제자가 되었다. 최승희, 조택원, 김상규로 이어지는 한국의 위대한 무용가들의 맥을 이어왔다는 자부심은 그의 인생에서 가장 중요한 자산이 되었다.

주연희씨는 "그렇게 흘러온 춤 인생 60년. 춤과 함께 살아온 60년 외길은 길고도 험난한 가시밭길이었지만 뒤돌아보니 그 길은 아름다운 추억이 되었다"며 "그 인고의 날들을 이제는 기념하고 자축해도 좋으리라 생각하며 마지막 공연을 준비했다"고 밝혔다.

영화인생 60년 회고전을 연 김지미씨, 데뷔 60년 노래잔치를 연다는 이미자씨, 이미 오래 전에 데뷔 60주년 공연을 했던 윤복희씨를 보면서 그들의 명성에는 비할 바 없는 무명의 춤꾼이지만 이제껏 누구도 해본 적이 없는 '현대무용의 환갑잔치'를 이곳 남가주에서 연다는 그. 마지막으로 열정과 불꽃을 남김 없이 사르고 싶은 마음뿐이라고 한다.

■주연희 무용 외길 60년

2008년 공연을 앞두고 본보가 그를 소개한 글이 있다. 주연희씨는 19세 때 대구 키네마극장에서 열린 김상규 현대무용발표회를 보고 인생이 바뀌었다. 남자가 저렇게 멋지게 춤을 출 수 있다니, 자신도 그렇게 추고 싶어 무작정 김상규 선생을 찾아가 가르쳐달라고 졸랐던 어린 소녀는 얼마 안 있어 그의 수제자가 되었고, 후에 그의 아내가 되었다.

당대 최고의 무용가인 이시이 바쿠의 수제자이며 한국 무용계의 큰 기둥이었던 고 김상규 교수(안동대학 정년퇴임, 1989년 타계)는 평소 주연희를 일컬어 "아내이기보다는 나의 멋진 작품"이라고 말했고, 그녀는 김 교수를 "남편이기에 앞서 영원한 선생님"으로 존경했다.

1989년 남편이 타계한 후 무용은 더욱 그녀의 삶 중심으로 들어왔다. "무용은 남편이었고 애인이었고 자식이었다"는 한마디가 말해주는 것처럼 춤추고, 안무하고, 가르치고, 연출하고, 발표하는 일에 인생의 모든 것을 걸었다.

이미 67년에 주연희 무용단을 창단했고, 79년부터는 김상규 무용단의 부단장으로 활동하면서 엄청나게 많은 공연을 소화했던 그녀는 98년 도미해 '유니 모던 댄스 스튜디오'를 창립하기 전까지 '주연희무용단 발표회' 20회, 주연희 문하생 새싹발표회 10회, 자신의 이름을 내건 '주연희 현대무용발표회'를 20회나 무대에 올렸을 정도로 춤에 '미쳐' 살았다.

셀 수 없이 많은 수상 경력 가운데 그녀가 가장 자랑스럽게 는 것은 92년 열린 제1회 전국무용제에서 대통령상, 안무상, 연기상을 휩쓸었

28년 전 안무작 「마리화나」를 재연하다.

던 것. 그 전에도 1979년 제1회 대한민국무용제에서 최우수상을, 1987년 대한민국무용제에서 안무상을 수상한 바 있다.

■ 10월 18일 '현대무용의 환갑잔치' 공연

주연희씨는 오는 18일 오후 7시 윌셔이벨극장 공연에서 독무 '대북 타악' '나를 세우소서' '찔레꽃 기도' '마리화나' 그리고 듀엣 '아틀리에 스냅'을 춤춘다. 모두 그녀의 창작무용이다. 하늘과 땅을 여는 북의 울림으로 막을 올린다는 의미를 담은 '대북 타악'은 주연희씨의 꿈과 열망, 감사와 환희를 세상에 내놓는 현대무용이다. '나를 세우소서'는 찬미의 춤이고 '찔레꽃 기도'는 슬픔도 가고, 기쁨마저 덧없는 허무한 삶, 떠나간 사람들에 대한 사랑과 그리움을 담은 기도이다.

그리고 독무 '마리화나'는 28년 전 안무작으로 마약과 향락주의의 위험을 경고하는 메시지를 담았다. 그리고 '아틀리에 스냅'은 자신이 그린 멋진 작품에 매료된 화가, 작품 속 창조물과 함께 춤을 추는 환상의 듀오이다.

함께 무대를 장식할 장유경무용단은 우리춤의 전통과 대중적인 감성, 세련된 종합예술적 작업을 결합한 창작활동을 펼치고 있다. 93년 대구무용제 대상, 전국무용제 장려상, 94년 서울무용제 연기상, 2010년 PAF 춤과 다매체상, 대한민국무용대상 솔로 앤 듀엣 부문 우수상, 제20회 한국 무용예술상 수상 등 독특한 안무 스타일과 현대적 감각의 한국창작 작품을 선보이는 무용단이다. 이번 공연에서는 '푸너리 1.5' 부채춤 '바흐' '다들 그렇게 살아요' 등 3 작품을 선보인다.

―하은선 기자

특별출연한 장유경 무용단의 열연 모습

정이 그리운 이국의 하늘 아래에서 '주연희 무용 외길 60주년 기념공연'은 하나님의 은총으로 이루어졌다고 감히 말하고 싶다. 나 혼자의 힘만으로는 이 큰 행사를 감당할 수 없었을 것이다. 이런 나에게 주저하지 않고 도움의 손길을 베풀어주신 분들과 뒤에서 수고하신 여러 분들께 마음 깊이 감사드린다.

가디나문화센터의 다이아나 최원장님과 필라테스·라인댄스 회원들, 김낙중 한국문화원장님, 특별초청에 흔쾌히 응해준 계명대학교 장유경 교수님과 무용단, 대구무용협회 사무국장으로 나에게 무용을 수련하여 45년간 함께 활동하고 있는 엘에이의 이연경 필라테스 원장님, 정숙희 미주한국일보 부국장님, 성해유, 안순경 카리티에스 단원, 금국향 예술감독, 송미이 님 등 여러분에게 큰 빚을 졌다. 두루두루 고맙고 감사할 뿐이다.

안순경씨는 60주년 공연장인 월셔이벨극장 대관료를 후원하여 주어 그저 오랜 인연에 눈물겨울 뿐이다. 기파 선생의 안동교육대학 카리티에스 무용단원 제자인 안순경씨와의 인연은 변함이 없다.

온세상이 흰눈으로 눈부시던 1974년 1월 9일 석굴암 법당에서 결혼식을 올릴 때 선생님 하객으로 참석한 제자이기도 하였다. 또한 내가 이국만리 LA에 처음 왔을 때 나흘간이나 함께 있다 간 고마운 사람이었다.

또한 케나다 한국전통협회 금국향 예술감독은 삼덕국민학교 제자이다. 처음에서 현대무용을 하다가 외국에 나와서 한국무용으로 전향하였다. 지금까지 스승인 나를 잊지 않고 공연 때마다 지원을 아끼지 않았다.

금국향 예술감독의 축사를 다시 읽어보아도 정겹다.

제 나이 열 살, 초등학교 3학년 때 주연희 선생님을 만났습니다. 춤이 뭔지도 모르고 선생님의 가르침을 열심히 따르기만 했던 그 시절의 배움이 오늘의 저를 만들었습니다.

그렇게 예술의 세계에 입문하여 흘러온 세월이 50여 성상, 이제 선생님께서는 춤 인생 60주년을 맞이하셨다니 놀라움과 기쁨을 표현할 길이 없습니다.

어떤 예술보다 수명이 짧은 춤 분야에서 60년이나 현역으로 뛰어오셨고, 이 우주의 흐름 안에서 거대한 예술의 꽃을 피워왔다는 사실에 다시 한 번 축하의 박수를 보내면서 선생님께 받은 춤과 사랑을 보답하기 위해 축하 메시지를 보냅니다.

부디 건강하셔서 세계 최장수 현대무용의 거목으로 아름다운 춤의 여신이 되시기를 간절히 소망합니다.

이국의 하늘 아래

　1998년 7월 26일 미국행 비행기에 몸을 실었다. 그러고보니 미국에서 산 지도 어언 27년이나 되었다. 세월은 유수 같다지만 참으로 아득한 시간이 흘렀다.
　처음 미국에 와서 거처할 집을 얻을 수 없는 형편이라 교회 신도분들 집을 전전하면서 살았다. 더구나 영주권을 얻을 수 없는 처지에다 불법체류자로 추방이 된다는 불안감으로 15년을 피를 말리며 견뎠다. 그러나 영주권을 얻을 수 있도록 이끌어준 은인이 있어 이제는 호적도 필요 없는 영주권을 부여받았다.

　나는 한국이 그리워 고국에서 활동하던 시절의 꿈을 자주 꾸었다. 나중에는 정신이 나가버릴 정도의 증상까지 생겼지만 하나님 앞에 기도로서 마음의 안정을 찾았다. 그리고 하나님의 은혜로 이국땅에서 새로운 제자들을 지도할 수 있도록 허락하셨다. 교회 성도분의 도움으로 무용학원을 개설하고 학생들에게 무용을 지도하여 현대무용을 보급하였다. 그러나 많은 사람들이 현대무용을 이해하기란 결코 쉬운 일이 아니었으며, 이민자의 삶이 그리 녹록하지만은 않았다.

주연희 「안개」의 한 장면

내가 대한민국무용제의 상을 휩쓸던 시절, 한 평론가가 "대장간의 쇠가 달은 것 같은 춤을 춘다."라고 나의 춤을 평하였다. 그렇게 달아오른 춤의 불씨가 여든여섯 고령의 나이에도 무대에 설 수 있게하는 힘은 과연 무엇이었을까? 그것은 기파 선생님에게 받은 예술교육 때문이다. 한 생을 선생님의 현대무용의 정신을 뒤따라 가면서 인고의 세월을 견뎌낼 수 있었던 것은 무용을 향한 선생님의 투철한 예술혼과 혹독한 훈련의 힘 때문이었다고 생각한다.

힘든 이민 생활이었지만 그래도 나에게는 춤이 있었기에 견딜만하였다. 한 생이 다 가고 목숨이 끝난다 해도 하나님이 허락해주신 춤을 끝까지 추면서 선생님의 맥을 이어 가리라 다짐하였다. 이민 생활의 어려움 속에서도 많은 분들의 도움으로 2008년 9월에 '주연희 무용 외길 50주년' 기념공연에 이어 2018년 10월에 '주연희 무용 외길 60주년' 기념공연을 할 수 있었다. 이 모든 것은 하나님이 내게 내려주신 축복이었다고 생각한다.

2020년 12월 내가 코로나 19에 걸려서 죽음 직전에 사경을 헤매고 있을 때 하나님의 은혜로 살아났다. 나같이 나이가 많은 사람들은 아무도 살지 못했을 그때 수많은 사람들이 개 돼지만도 못한 죽음을 당하고도 시신마저 처리할 수 없는 상황이었다. 나를 궁휼이 여겨 구해주신 하나님의 은총 안에서 내 목숨은 살아날 수 있었다.

그 때를 생각해 보면 나는 지금 덤으로 살아가고 있다. 이제 무용학원도 다 내려놓고 집에서 가벼운 운동과 산책, 하나님을 경배하며 고요하게 살고 있다.

선생님을 생각해 보면 김소라 모녀도 나도 모두가 그렇게 타고난 운명이라 누구를 탓하고 누구를 원망할 수만 없지 않겠는가. 미국에서의 나의 생활은 믿음 안에서 충만한 삶을 살고 있다. 모든 것은 하나님이 주신 생명, 하나님 앞에 살아가는 길이 오롯한 기쁨이며 진리임을 깨닫게 되었다.

내 생의 꿈인 춤을 가슴에 껴안고 살아 숨쉬는 날까지 기도하면서 살아가기를 소망한다.

주연희 무용 연혁

■ 무용 활동
- 1956년 김상규 무용연구소 입소 후 35년간 대구무용 발전에 주력
- 1967~1984 16회 주연희무용발표회 개최 안무 출연
- 1978~1990 10회 주연희 문하생 새싹무용발표회 개최 안무
- 1979년 10월 제1회 대한민국 무용제 참가, 김상규 무용단 부단장으로 「회귀」-최고상 수상
- 1966~1990 한국무용협회 경북·대구지부 정기공연 및 지방순회공연 안무 출연
- 1986~1991 대구직할시 주관 대구예총회 주최 달구벌무용제 준비위원
- 1987. 10 대한민국 무용제 주연희 무용단 「산하」 안무상 수상-동남아 및 유럽 순회 연수
- 1990년 제21회 Canada Winnipeg Folkrolama Dance Festival에 44개 참가국 중 한국대표단으로 주연희무용단 참여
- 1991년 제22회 Canada Winnipeg Folkrolama Dance Fesitival 및 U. S. A Leusivill Mall Shopping Center 순회 공연
- 1991년 6월 제1회 대구무용제 발족 및 추진위원장

■ 수상 경력
- 1968년 경상북도 문화상(무대예술) 수상
- 1989년 금오대상 수상
- 1990년 금복문화상 수상
- 1991년 미국 Leusivill 공로 공연
- 1991년 8월 24일 주연희의 날 선포 제정됨
  대구대학교 부설 영화학교 장애자무용단 안무지도 공로상 수상
- 1991년 9월 미국 켄터키주 Leusivill 양자협회 공로상, Canada Winnipeg 주재 한인회에서 공로상 수상

■ 사회 활동
사단법인 한국무용협회 대구직할시 지부장, 대구시립무용단 자문위원, 한국예술문화단체 총연합회 대구직할시지회 부지부장, 한국무용협회 이사 역임

| 에필로그 |

한 생을 회고하며

　어머니는 막내딸이 무용하는 것을 늘 자랑으로 여기셨다. 내가 하는 무용에 대하여 폭넓은 이해와 관용으로 감싸안고 사셨다. 오빠와 형제들이 다 있어도 어머니를 돌아가실 때까지 내가 모시고 살았다. 언니와 내가 어머니의 임종을 지켰다.
　1976년에 세상을 떠나셨지만 나는 한번도 어머니의 은혜를 잊어 본 적이 없다. 이 세상에서 하나님 다음으로 어머니라는 글자를 위대한 글자라고 생각한다.

　　님은 갔읍니다. 아아 사랑하는 나의 님은 갔읍니다.

　　푸른 산 빛을 깨치고 단풍나무 숲을 향하여 난 작은 길을 걸어서 차마 떨치고 갔읍니다.

　　황금의 꽃같이 굳고 빛나던 옛 맹세는 차디찬 티끌이 되어서 한숨의 미풍(微風)에 날아갔읍니다

　　날카로운 첫 키스의 추억은 나의 운명의 지침(指針)을 돌려 놓고 뒷걸음쳐서 사라졌읍니다.

나는 향기로운 님의 말소리에 귀먹고 꽃다운 님의 얼굴에 눈멀었읍니다.

　　우리는 만날 때에 떠날 것을 염려하는 것과 같이 떠날 때에 다시 만날 것을 믿습니다.
　　아아, 님은 갔지마는 나는 님을 보내지 아니하였읍니다.

　　제 곡조를 못이기는 사랑의 노래는 님의 침묵을 휩싸고 돕니다.
　　—만해 한용운의 「님의 침묵(沈默)」 전문

만해 한용운 시인은 '누구나 기리는 것이 님'이라고, 만해의 님은 '잃어버린 조국'이라고 노래하였다.

기파 선생님은 50년대 황무지였던 대구의 무용계를 위해서 멸시와 외면, 고통과 처절한 가난속에서도 결코 굴하지 않고 오직 현대무용의 발전을 위해서 온몸을 던지셨다. 어떤 불의와 타협하지 않고 청렴결백하여 우리 시대에 찾아볼 수 없이 드문 예술가셨다.

선생님은 연수자들에게 "인생은 짧고 예술은 길다.", "예술을 하기 전에 먼저 인간이 되어야 한다."고 귀에 딱지가 앉을 정도로 일러주셨다. 무용을 통하여 나라와 겨레, 국민들의 화합을 염원하며 살아오신 진실하신 예술정신은 결코 헛되지 않을 것이다.

안개처럼 떠나간 선생님의 그 빈자리가 그렇게도 크고 넓게만 느껴진다. 선생님은 "너는 나의 작품이다."라고 늘 말씀하셨다. 선생님이 떠나신지 30여 년이 지난 세월이지만 이 말씀은 나의 뇌리에 박혀 잊혀지지 않는다.

선생님은 한국현대무용에서 더 없이 귀하신 분이셨다. 정말 멋지고 남성다웠으며 이 시대에 훌륭한 예술가였음을 회고한다. 그러나 선생님은 자기를 몰라준 세상이 원망스럽고 가슴 아픈 일이었다고 말하곤 하였다. 그 당시 현실은 그럴 수 밖에 없었으니 안타까울 뿐이었다.

나는 언제나 선생님 곁에서 보필하면서 살아온 동반자요 산증인이다. 제자 위치에서 존경하며 살아온 나 역시 춤은 나의 인생이고 삶이었다. 무용 외길 60년을 걸어온 지금, 돌이켜 보니 여성도 하기 어려운 시대에 선생님은 남성무용가로서 한많은 가시밭길을 묵묵히 걸어가셨다. 100여 편의 주옥같은 작품들은 이 땅에서 살아남아 영원히 빛을 발할 것이다.

|편집을 마치고|

무용 외길 70년에 바치는 헌사

박진형(시인)

*

내 고향은 경주이다. 내 피 속에는 신라인의 기질이 맥맥히 흐르고 있다. 나는 어릴 적부터 음치, 몸치, 박치였다. 그러나 질녀는 노래를 잘 불렀다. 노부모 밑에서 한 살 적은 질녀와 어린 시절을 함께 보냈다.

질녀는 추석 명절 때 노래자랑대회에 나가 줄곧 입상하였다. 가수 뺨칠 정도 노래 실력이었다. 그러나 엄한 할아버지는 딴따라가 된다면서 노래를 못부르게 하였다. 질녀는 몰래 노래를 부르다 할아버지에게 혼이 나곤하였다.

성격이 꼿꼿하던 선비 기질의 아버지 성정 때문이었을까? 나는 노는 데 영 소질이 없게 되었다. 그 대신 책읽기를 좋아했고 중 2 때부터 시를 썼다. 중학교를 갓 졸업하고 신춘문예에 첫 도전을 하였다. 줄잡아 10번 넘게 연례행사처럼 열병을 앓으며 매일신문 신춘문예를 통과하여 비로소 시인이 되었다.

*

　나는 김영태 시인의 무용자료집 『풍경을 춤출 수 있을까』(눈빛)를 좋아한다. 이 사진집에서 마음으로 빛나는 무용가들의 춤을 따라가 보았다. 나는 몸치로 춤을 추어본 기억이 거의 없다. 직접 공연장에서 가서 춤을 즐기는 축도 아니었다. 그대신 격정적 춤을 한 컷 사진으로 포착해낸 포즈를 미학적으로 즐겼다. 그리하여 여러 편의 무용시를 썼다.

　〈춤추는 崔承喜,라고 쓴/시인의 글씨는 춤이다/검은 천으로/앞가슴 가린 여자가/깻잎머리를 하고/한 웅큼 비애덩어리 움켜쥐고/까치발하고/허공 노려본다//눈길이 가 닿는 곳은/어디 어디일까?〉
　　―박진형의 「춤 1」 전문

　1년여 전, 맨발학교 동행의 별하 이승미 선생이 나에게 미국에 계시는 주연희 선생의 회고록 출간을 부탁하였다. 팜플렛과 사진, 초고 원고가 한 박스 도착하였다. 우여곡절, 차일피일 미뤄지다가 발효의 시간을 거쳐 『김상규의 춤, 그 환상 너머』가 완성되었다.
　조각보 깁듯 생각을 따라가고 편집과 교열을 보면서 비로소 완성되었다. 한국무용의 선구자인 기파 김상규, 주연희 두 분의 무용가가 걸어간 외길 춤인생 70년은 한국무용의 산 역사이다. 모쪼록 『김상규의 춤, 그 환상 너머』의 소박한 이 책이 한 생을 다바친 두 분의 무용 예술가로 자리매김하는데 큰 도움이 되기를 편집자로서 간절히 바랄 뿐이다.

*

"춤은 항상 사람을 살리는 것이어야 하고 사람을 위한 것이어야 한다."는 김상규의 어록처럼 기파 선생의 이론적 바탕 위에 무용 외길 70년의 불꽃을 실천하고 있는 주연희 선생님은 천상 춤꾼이시다. 노무용가의 일대기를 훔쳐보면서 편집자로서의 오롯한 기쁨을 즐긴다.

나는 주연희 선생님께 시 한 편을 바친다.

〈희디흰 천으로 감춘/쉰살 옆모습의 볼륨/천도빛 햇살도 봄바람도 어쩌지 못해/하늘하늘 머플러만 날리고 있다/흑백사진 속/낙동강변 은모래 위에/한순간 맨발꽃/저절로 그윽하다〉─박진형의 「한순간」 전문

대구광역시에서 석재미술상, 이상화문학상, 이인성미술상 등이 제정되어 매년 시상하고 있다. 이것은 문화도시를 꿈꾸는 대구광역시의 선구자였던 예술가들을 기리는 일이다.

주연희 회고록 『김상규의 춤, 그 환상 너머』의 출판을 계기로 한국현대무용의 선구자인 '김상규무용상'도 제정되었으면 하는 바램이다. 한 생을 다 바친 현대무용의 선구자를 선양하는 '김상규무용상'을 충심으로 청원한다.

주연희 회고록
김상규의 춤, 그 환상 너머

초판 인쇄 2025년 7월 10일
초판 발행 2025년 7월 15일

지은이 / 주연희
펴낸이 / 박진환

펴낸 곳 / 만인사
출판등록 / 1996년 4월 20일 제03-01-306호
주소 / 41960 대구광역시 중구 명륜로 116
전화 / (053)422-0550
팩스 / (053)426-9543
전자우편 / maninsa@daum.net
홈페이지 / www.maninsa.co.kr

ⓒ 주연희, 2025

ISBN 978-89-6349-196-7 03680

값20,000원

* 이 책의 내용의 전부나 일부를 사용하려면 반드시 저작권자나 만인사 양측의 동의를 받아야 합니다.